2016年度
北京地区股权投资行业报告

北京股权投资基金协会 编

Beijing Private Equity Association (BPEA)

首都经济贸易大学出版社

Capital University of Economics and Business Press

·北京·

图书在版编目(CIP)数据

2016年度北京地区股权投资行业报告/北京股权投资基金协会编. —北京:首都经济贸易大学出版社,2017.7

ISBN 978-7-5638-2644-5

Ⅰ.①2… Ⅱ.①北… Ⅲ.①股份有限公司—融资—研究报告—北京—2016 ②股权—投资基金—研究报告—北京—2016 Ⅳ.①F279.246 ②F832.51

中国版本图书馆 CIP 数据核字(2017)第 114970 号

2016 年度北京地区股权投资行业报告
北京股权投资基金协会　编

责任编辑	薛晓红
封面设计	砚祥志远·激光照排　TEL:010-65976003
出版发行	首都经济贸易大学出版社
地　　址	北京市朝阳区红庙(邮编100026)
电　　话	(010)65976483　65065761　65071505(传真)
网　　址	http://www.sjmcb.com
E-mail	publish@cueb.edu.cn
经　　销	全国新华书店
照　　排	北京砚祥志远激光照排技术有限公司
印　　刷	人民日报印刷厂
开　　本	787 毫米×1092 毫米　1/16
字　　数	249 千字
印　　张	9.75
版　　次	2017 年 7 月第 1 版　2017 年 7 月第 1 次印刷
书　　号	ISBN 978-7-5638-2644-5/F·1470
定　　价	35.00 元

图书印装若有质量问题,本社负责调换

版权所有　侵权必究

目 录

第一部分 2016年度北京地区私募股权投资行业发展指数发布及解析

1　募资指数环比上升,达近期历史最高水平　　/4

2　投资指数环比上升,市场稳步升温　　/4

3　退出指数环比上升,但整体波动不大　　/5

4　信心指数上涨,但机构对未来半年募资和投资持谨慎态度　　/6

第二部分 2016年北京地区股权投资市场统计报告

1　中国股权投资市场现状分析　　/13

　1.1　管理资本量分析　　/13

　1.2　募资情况分析　　/14

　1.3　投资情况分析　　/16

　1.4　退出情况分析　　/18

2　2016年北京股权投资市场发展概况　　/20

　2.1　2016年北京地区股权投资市场规模概览　　/21

　2.2　2016年北京地区股权投资基金募集情况　　/21

2.3 2016年北京地区投资情况分析　／22

2.4 2016年北京地区股权投资机构退出情况分析　／28

第三部分　第八届全球PE北京论坛精彩观点

呼吁避免人为增加股权投资行业准入门槛,要为行业创造宽松的准入环境　中国股权投资基金协会会长　邵秉仁　／33

股权投资是金融支持实体经济的最好方式　北京市金融局党组书记、局长　霍学文　／38

把握海淀优势,为建设全国科技创新中心核心区贡献更大力量　海淀区区长助理　温琤　／42

深化改革需要辩证处理好十个关系　国家发改委副秘书长　范恒山　／44

私募股权基金是供给侧结构改革的主导力量　全国社保基金理事会副理事长　王忠民　／51

2017全球经济确定性和不确定性　国际货币基金组织前副总裁　朱民　／55

未来三分之二机会在新兴市场　全球新兴市场股权投资基金协会主席　罗伯特·范·茨威顿　／63

2016年私募股权投资行业整体情况及行业未来趋势　北极光创投创始人、董事总经理　邓锋　／67

第四部分　政策汇编(2016年12月)

国务院关于促进创业投资　持续健康发展的若干意见　国发〔2016〕53号　／75

国务院办公厅关于加快众创空间发展 服务实体经济转型升级的指导意见 国办发〔2016〕7号 / 84

国务院办公厅关于建设大众创业万众创新示范基地的实施意见 国办发〔2016〕35号 / 89

国家发展改革委关于切实做好传统基础设施领域政府和社会资本合作有关工作的通知 发改投资〔2016〕1744号 / 98

国家发展改革委关于印发《传统基础设施领域实施政府和社会资本合作项目工作导则》的通知 发改投资〔2016〕2231号 / 105

关于进一步共同做好政府和社会资本合作(PPP)有关工作的通知 财金〔2016〕32号 / 113

中国银监会、科技部、中国人民银行关于支持银行业金融机构加大创新力度开展科创企业投贷联动试点的指导意见 银监发〔2016〕14号 / 115

科技部关于印发《专业化众创空间建设工作指引》及公布首批国家专业化众创空间示范名单的通知 国科发高〔2016〕231号 / 121

第五部分 北京股权投资基金协会会员名录

北京股权投资基金协会会员名录 / 129

第六部分 北京股权投资基金协会介绍

北京股权投资基金协会介绍 / 145

第一部分

2016年度北京地区私募股权投资行业发展指数发布及解析

背景介绍：北京地区私募股权投资行业发展指数（以下简称"北京 PE 指数"）是在北京市金融工作局指导和支持下，由北京市金融发展促进中心、中国股权投资基金协会、北京股权投资基金协会、北京大学金融与产业发展研究中心以及清科研究中心共同编制，并得到多家业内有影响力的 PE 和 VC 投资机构支持。北京 PE 指数以 2013 年上半年为基期，每半年编制发布一期。

在北京市金融工作局指导下，北京市金融发展促进中心、北京股权投资基金协会分别于 2016 年 9 月和 2017 年 3 月联合发布了 2016 年上半年和 2016 年下半年北京地区私募股权投资行业发展指数（以下简称"北京 PE 指数"）。2016 年上半年北京 PE 指数为 118.23，环比增长 5.88%，同比下降 0.24%。2016 年下半年北京 PE 指数为 124.00，环比增长 4.88%，同比增长 11.05%。从整体上看，北京 PE 指数在 2016 年上半年探底回升，在 2016 年下半年延续上半年的回升趋势，并迈向近年来的新高。（参见图 1）

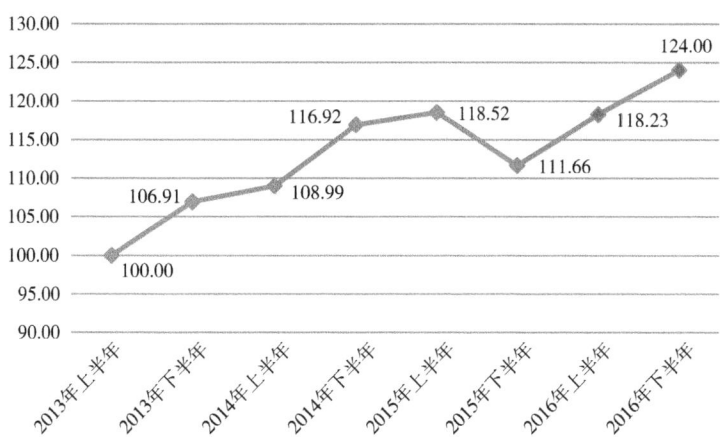

图 1 2013 年 H1—2016 年 H2 北京 PE 指数时间序列图

从分项指标上看，2016 年上下半年募资、投资、退出及信心指数呈现如下特点：

1 募资指数环比上升,达近期历史最高水平

2016年上半年募资指数为115.63,环比增长11.29%;2016年下半年募资指数为126.07,环比增长9.03%,募资指数达到指数编制以来最高水平(参见图2)。募资指数以募资规模为编制基础,募资指数的走高代表了北京市股权投资市场募资规模的不断扩大。机构募资数据显示,2016年上半年机构平均募资规模有明显增长趋势,在基金募集数量未大幅增长的情况下,几支超大型基金完成募集,拉高了市场整体募集规模。2016年下半年调研数据显示,业内多家优秀的投资机构管理人在2016年下半年均完成了10亿元人民币规模以上的基金募集,其中不乏百亿级基金规模,由此带来了募资指数的大幅上涨。

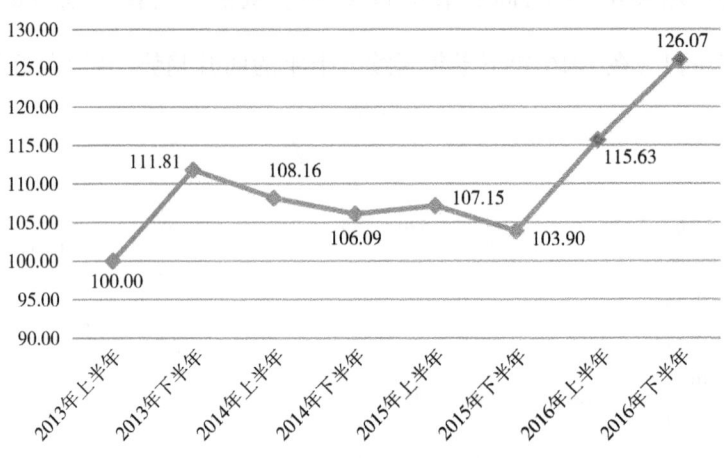

图2 2013年H1—2016年H2北京PE指数募资指数时间序列图

2 投资指数环比上升,市场稳步升温

2016年上半年投资指数为118.13,环比增长8.42%;2016年下半年投资指数为121.25,环比增长2.64%。投资分项指数显示股权投资市场投资环节稳步升温,市场

活跃度不减(参见图3)。2016年上半年从投资案例数量来看,投资阶段多集中于企业初创期,从投资案例金额来看,成熟期的创业企业融资案例引人注目,部分大额投资案例的发生提升了上半年整体市场投资规模。而2016年下半年的市场数据显示,这种趋势更加明确,即VC机构投资案例数量增多,但平均投资规模下降,投资偏向早期阶段;PE机构投资案例数量持平,但平均投资规模上涨。由此可见,2016年全年市场投资规模并未受经济不确定性影响,特别是下半年并购投资、PIPE投资案例的增多一定程度上使得PE机构投资规模呈上涨态势。

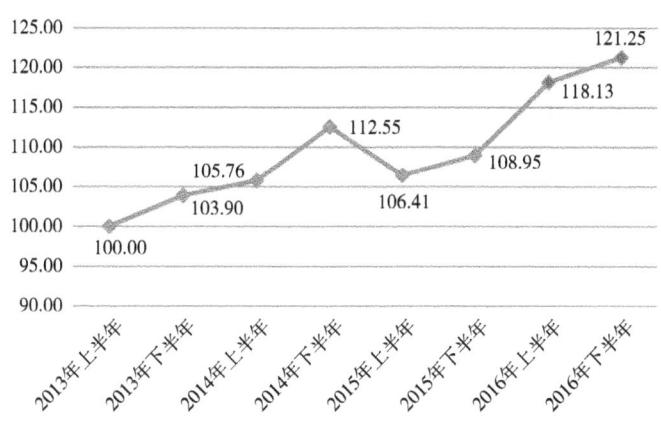

图3 2013年H1—2016年H2北京PE指数投资指数时间序列图

3 退出指数环比上升,但整体波动不大

2016年上半年退出指数为127.30,环比增长1.05%;2016年下半年退出指数为134.33,环比增长5.51%,退出分项指数整体波动幅度不大,呈缓慢上升趋势(参见图4)。受IPO监管趋严影响,2016年上半年股权投资市场退出渠道以并购和新三板退出为主,新三板在股权投资机构退出渠道中扮演越来越重要的角色。2016年下半年新三板企业挂牌数量的持续增加,为退出指数的良好走势提供了有力支撑。

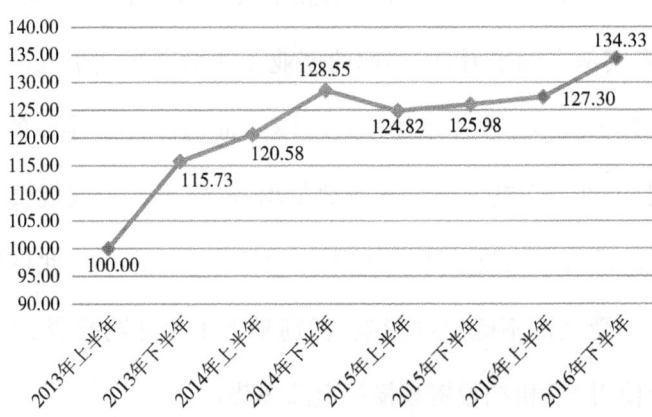

图4 2013年H1—2016年H2北京PE指数退出指数时间序列图

4 信心指数上涨,但机构对未来半年募资和投资持谨慎态度

2016年上半年信心指数为116.00,较2015年下半年的112.67略有回升;2016年下半年信心指数为120.50,环比增长3.88%(参见图5)。

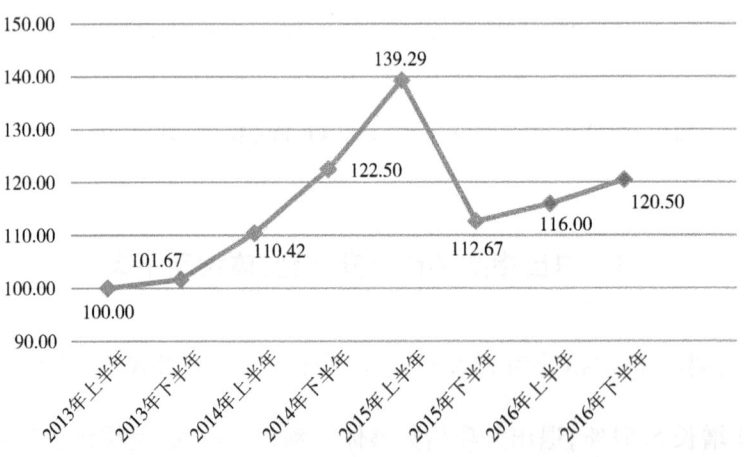

图5 2013年H1—2016年H2北京PE指数信心指数时间序列图

2016年上下半年行业信心调查显示,2016年全年募资、投资、退出市场的持续向好给投资人带来了信心的增长。其中,2016年下半年,机构投资人对未来半年行业总

体评价较上一期微涨,达到1.0,即认为行业未来半年会保持平稳发展态势;而机构对自身业务评价和对被投企业运营情况的未来半年评价都维持在较乐观水平,分别达到了1.6和1.8;对于未来募资情况的预期,机构投资人较谨慎,虽相比上一期募资预期分项指标有所增长,但仍然在1以下;而对于投资预期,投资人认为适合投资项目的时间在3—6个月期间,对未来半年可投的项目数量持谨慎态度(参见图6)。

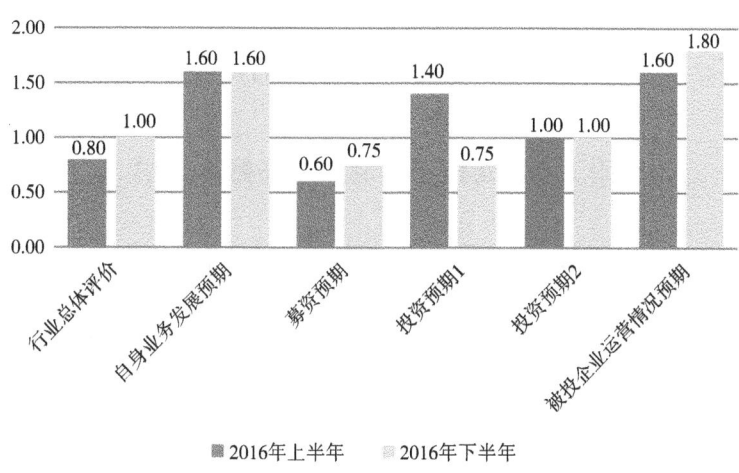

图6　2016年H1与H2预期分项指标对比图

2016年下半年市场的数据表现和投资人对未来半年募资、投资预期的反差,主要缘于投资人对于未来激烈市场竞争的预期。随着市场升温,部分国有资本通过参与设立股权投资基金进入市场,一些优秀投资机构完成了大规模的基金募资,其中不乏优秀VC机构布局PE基金、并购基金,市场参与者增多,股权投资机构多元化布局,市场竞争愈加激烈。同时,募资的快速增长,带来了市场可投资本量的上涨,在未来可投资项目相对稳定的情况下,市场估值会走高,投资成本预计增加。因此,虽然2016年下半年市场募资、投资、退出数据都有很好的增长,但投资人对未来半年的募资和投资预期还是持谨慎态度。

2016年9月20日,国务院发布《关于促进创业投资持续健康发展的若干意见》,

从投资主体、资金来源、政策引导、退出机制等多个方面对创业投资发展进行了全方位的顶层设计。政策利好下,股权投资行业迎来黄金发展时期,更多资金、更多参与者进入这个行业,带来市场竞争的同时,也有利于提高行业从业者专业素质,促进行业内机构向着更加专业化、市场化的方向发展,从而更充分发挥股权投资支持实体经济的作用。而北京作为创新创业最活跃的地区,无论是金融工具产品的创新,还是优质创业项目的聚集,都为股权投资行业提供了有力的支持,股权投资行业作为企业融资渠道的重要一环,必将为北京产业发展提供重要的资本支撑。

附1 历期指数编制及发布数据汇总

北京 PE 指数以北京地区私募股权投资行业整体发展情况为基础,通过北京地区当期私募股权投资机构募资、投资、退出情况和机构对未来投融资的信心预期的调研,完成指数编制。

指数编制初期以季度为周期,分别发布了 2013 年 Q3 和 2013 年 Q4 两期指数,参见附表1。随后根据市场反馈和指数专家委员会的建议,指数编制和发布频率调整为每半年一次,截至目前共发布 7 期指数,参见附表2。

附表1 2006—2013 年季度指数编制结果

	募资指标	投资指标	退出指标	预期合成指标	行业发展指数
2006 季均	110.77	91.46	64.61	100.00	103.00
2007 季均	111.41	95.91	73.08	100.00	100.68
2008 季均	118.59	102.74	81.99	100.00	107.28
2009 季均	113.76	108.90	91.00	100.00	106.69
2010 季均	119.82	107.33	103.85	100.00	107.81
2011 季均	125.80	115.11	117.32	100.00	113.11
2012 季均	125.48	111.36	115.88	100.00	112.97
2013 第一季度	100.00	100.00	100.00	100.00	100.00

续表

	募资指标	投资指标	退出指标	预期合成指标	行业发展指数
2013第二季度	110.79	103.14	115.64	100.00	103.96
2013第三季度	121.10	103.68	100.51	80.85	106.36
2013第四季度	119.44	107.66	135.96	118.00	114.84

附表2 2006—2013年半年度指数编制结果

	募资指标	投资指标	退出指标	预期合成指标	行业发展指数
2006半年均	103.37	90.45	61.04	100.00	100.18
2007半年均	103.94	94.59	68.23	100.00	98.07
2008半年均	110.29	100.95	75.80	100.00	104.07
2009半年均	106.02	106.69	83.45	100.00	103.53
2010半年均	111.38	105.22	94.36	100.00	104.55
2011半年均	116.67	112.46	105.80	100.00	109.37
2012半年均	116.38	108.97	104.57	100.00	109.24
2013上半年	100.00	100.00	100.00	100.00	100.00
2013下半年	111.81	103.90	115.73	101.67	106.91
2014上半年	108.16	105.76	120.58	110.42	108.99
2014下半年	106.09	112.55	128.55	122.50	116.92
2015上半年	107.15	106.41	124.82	139.29	118.52
2015下半年	103.90	108.95	125.98	112.67	111.66
2016上半年	115.63	118.13	127.30	116.00	118.23
2016下半年	126.07	121.25	134.33	120.50	124.00

附2 现行指数编制体系构架

北京PE指数体系分为三层架构(参见附图1):

一级指标FI即北京PE指数,由二级指标加权综合而得。

二级指标SI包括现时合成指标与预期合成指标。现时合成指标是由三级定量指标加权综合而得,权重通过合成指标法计算。预期合成指标是由三级定性指标量化后进行简单算术平均而得。

三级指标 TI 包括定量指标和定性指标,定量指标是指各机构样本募、投、管、退四个方面的原始数据。定性指标是来源于配套调研问卷数据的指标,包括：行业总体评价、自身业务发展预期、募资预期、投资预期、募资企业运营情况预期。

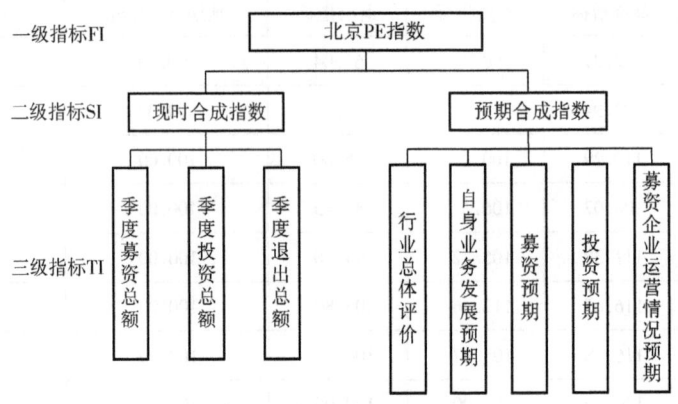

附图1　北京PE指数体系构架

第 二 部 分

2016 年北京地区股权投资市场统计报告

1 中国股权投资市场现状分析

1.1 管理资本量分析

据清科集团旗下私募通统计,2016年中国股权投资市场共管理可投资于中国内地资本存量达24 757.62亿元人民币,较2013年增加8 842.78亿元人民币,增幅为55.6%。其中,创投机构共管理可投资于中国内地资本存量达6 230.55亿元人民币,较2015年增加2 269.37亿元人民币;PE(Private Equity,私募股权)机构共管理可投资于中国内地资本量14 178亿元人民币,较2015年增加3 946亿元人民币。

据清科集团旗下私募通统计,2007年至2016年,中国股权投资市场可投资于中国内地的资本总量逐年增长,年均复合增长率达22.8%,2016年可投资于中国内地的资本总量是2007年的6.33倍。其中,2008年是可投资本量增长比较明显的一年,增长率为89.7%;其次是2016年,增长率是55.6%。自2011年下半年以来,中国股权投资市场募资市场整体遇冷,LP(Limited Partenership,有限合伙)投资谨慎,2012年和2013年募资增幅不大。2015年中国股权市场基金募资情况出现好转,尤其表现在募集规模上面,管理资本量较上年增长36.03%。2016年政府引导基金扎堆入市,再加上保险、信托、银行等传统金融机构的加入,股权投资市场LP成分更加多元化,募资渠道多样化,因此,2016年投资于中国内地的资本总量增幅较大。参见表1.1和图1.1。

表1.1 2007—2016年可投资于中国内地的资本总量及其变化率比较

年度	资本量(亿元人民币)	变化率	年度	资本量(亿元人民币)	变化率
2007	3 910.93	—	2012	10 591.65	4.34%
2008	7 419.79	89.72%	2013	10 848.97	2.43%
2009	7 607.81	2.53%	2014	11 699.86	7.84%
2010	8 897.96	16.96%	2015	15 914.84	36.03%
2011	10 150.82	14.08%	2016	24 757.62	55.56%

来源：私募通 2017.03　　　　　　　　　　　　　　　www.pedata.cn

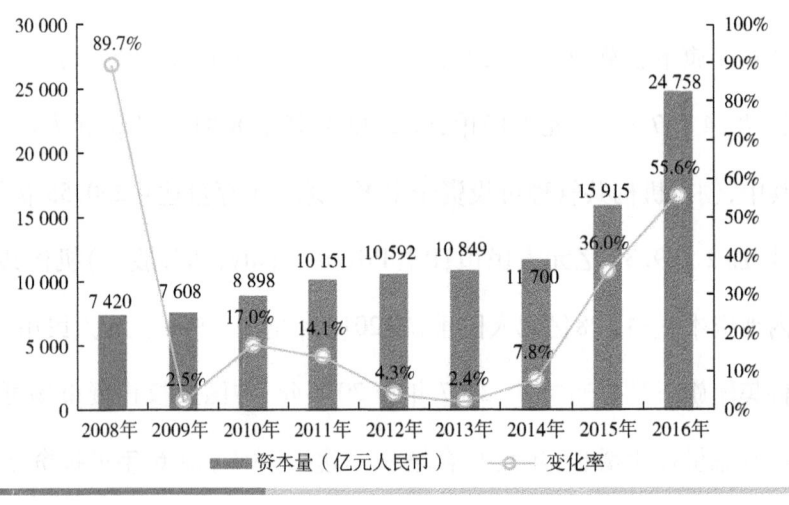

来源：私募通 2017.01　　　　　　　　　　　　　　　www.pedata.cn

图1.1 2008—2016年可投资于中国内地的资本总量比较

1.2 募资情况分析

2016年我国经济处于增长速度换挡期，供给侧改革与国企改革继续深化，传统产业探寻转型升级，新兴产业不断创新发展，资本市场监管趋于从重从严，在金融需求收缩的大背景下，中国股权投资市场喜忧参半，分化明显。在"十三五"开局之年，中国股权投资市场基金募资活跃度不降反升，新型国家队产业基金与并购基金频繁设立拉高了市场整体募资规模。此外，2016年9月20日，国务院印发的《国务院关于促进创业投资持续健康发展的若干意见》进一步明确创业投资的地位以及将针对创业投资制定相应的税收支持政策。此外,政府引导基金规模的扩大,进一步盘活和鼓励社会资本与创业投资机构的对接,帮助股权投资机构降低融资成本,更好地为中小企业提供发展资金。

2016年中国股权投资市场募资市场再次刷新历史数据,募资规模表现尤为突出。据清科集团旗下私募通统计,2016年中国股权投资市场机构共新募集2 438支可投资于中国大陆的基金,同比下降17.9%;已知募资规模的2 030支基金新增可投资于中国大陆的资本量为13 712.05亿元人民币,同比增幅高达74.7%,刷新中国股权投资市场募资数据,全年已披露金额的基金平均募集规模为6.75亿元人民币,同比增长近1倍。参见表1.2和图1.2。

表1.2 2006—2016年中国股权投资市场募资情况分析

年度	新募基金数（总）	变化率	新募基金数（金）	新增资本量（亿元人民币）	变化率	平均新增资本量（按增资机构）（亿元人民币）
2006	79	—	79	1 418.76	—	17.96
2007	122	54.4%	122	2 992.91	111.0%	24.53
2008	167	36.9%	167	4 676.09	56.2%	28.00
2009	124	−25.7%	124	1 285.00	−72.52%	10.36
2010	240	93.5%	232	2 567.90	99.84%	11.07
2011	617	157.1%	600	4 231.49	64.78%	7.05
2012	621	0.6%	606	2 177.85	−48.53%	3.59
2013	548	−11.8%	532	2 514.50	15.46%	4.73
2014	745	35.9%	715	5 117.97	103.54%	7.16
2015	2 970	298.7%	2 259	7 849.47	53.37%	3.47
2016	2 438	−17.9%	2 030	13 712.05	74.69%	6.75

来源:私募通 2017.03

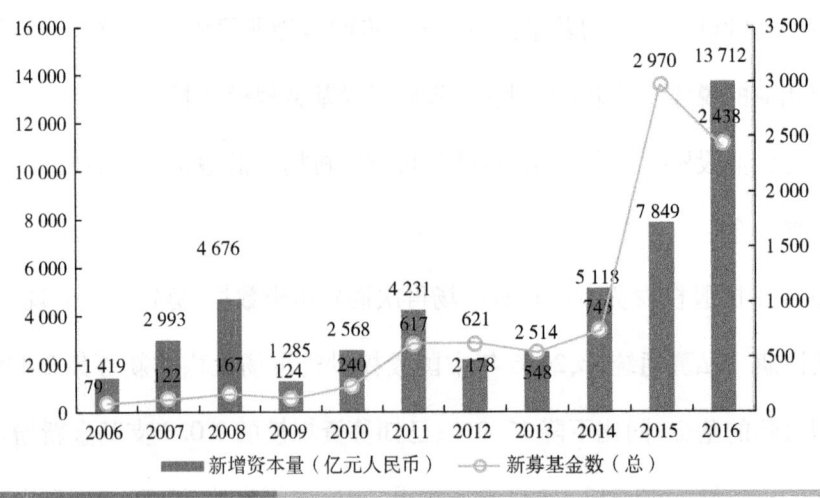

来源：私募通 2017.01　　　　　　　　　　　　　　　www.pedata.cn

图1.2　2006—2016年中国股权投资市场募资情况分析

1.3　投资情况分析

据清科集团旗下私募通统计，2016年中国股权投资市场共计完成9 124起投资案例，较上年同期增长9.1%；投资交易共计涉及金额7 449.10亿元人民币，同比上升41.8%，双项数据均创历史新高。从参与股权投资方来看，投资机构数量逐年攀升，目前国内股权投资机构有1万家左右，同时投资机构类型多元化，国家队、险资、银行等大举进入股权市场，都拉升了股权投资数据。

整体来看，在创新创业的大背景下，中外创投机构和私募股权投资机构已经进入投资"狂热期"，且投资阶段愈发前移。近11年，中国股权投资市场整体攀升，投资案例数与投资金额年复合增长率分别为31.4%和18.5%。2016年介入资本市场的战略投资者更为多元化。"BAT"、复星、海尔、联想、北汽等公司通过单独设立投资机构以CVC模式介入资本市场，兼顾财务和战略投资属性。而今年更多的战略投资者则通过企业"直投部"进行投资，其中约六成投资方为上市公司，如京东、科大讯飞、美的集团、58同城等;而以滴滴出行、51信用卡、菜鸟网络、今日头条、罗辑思维为代表的创业企业近年来也开始参与股权投资,以此来获取外部先进技术、弥补自身产业链上的劣势,从而增加自己的竞争筹码。参见表1.3和图1.3。

表 1.3　2006—2016 年中国股权投资市场投资情况分析

年度	投资金额(亿元人民币)	变化率	案例数(总)	变化率
2006	1 151.85	—	453	—
2007	1 173.48	1.9%	617	36.2%
2008	943.65	−19.6%	762	23.5%
2009	775.38	−17.8%	594	−22.0%
2010	1 043.83	34.6%	1 180	98.7%
2011	2 561.91	145.4%	2 200	86.4%
2012	1 704.85	−33.5%	1 751	−20.4%
2013	1 886.78	10.7%	1 808	3.3%
2014	4 376.74	132.0%	3 626	100.6%
2015	5 254.96	20.1%	8 365	130.7%
2016	7 449.10	41.8%	9 124	9.1%

来源:私募通 2017.03　　　　　　　　　　　　　　　　　　www.pedata.cn

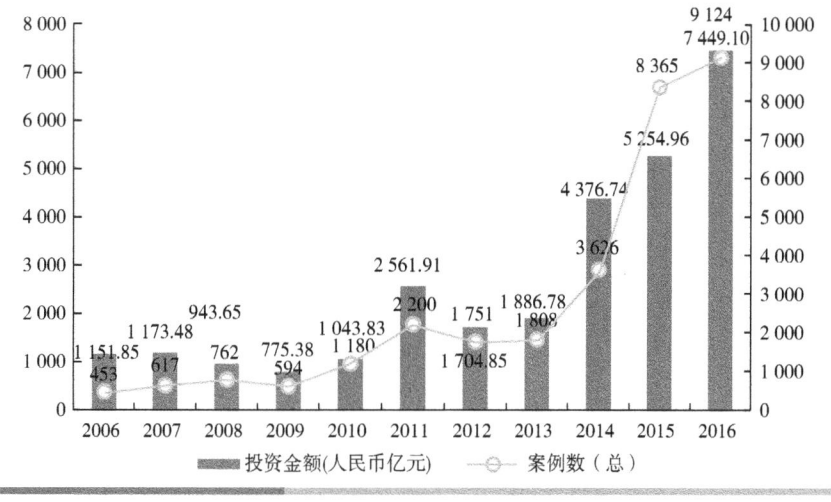

来源:私募通 2017.01　　　　　　　　　　　　　　www.pedata.cn

图 1.3　2006—2016 年中国股权投资市场投资情况分析

1.4 退出情况分析

2016年,中国股权投资市场共发生退出案例4 847笔,达到历史最高水平,较2015年上涨28.4%。整体来看,2016年中国股权投资退出市场延续2015年的高位态势,四季度的退出案例数量较往年均保持较高水平。参见表1.4和图1.4。

表1.4 2006—2016年中国股权投资市场退出情况比较

年度	退出交易笔数	变化率	年度	退出交易笔数	变化率
2006	154	—	2012	423	-30.2%
2007	236	53.2%	2013	458	8.3%
2008	159	-32.6%	2014	830	81.2%
2009	203	27.7%	2015	3 774	354.7%
2010	555	173.4%	2016	4 847	28.4%
2011	606	9.2%			

来源:私募通 2017.03　　　　　　　　　　　　　　　　　www.pedata.cn

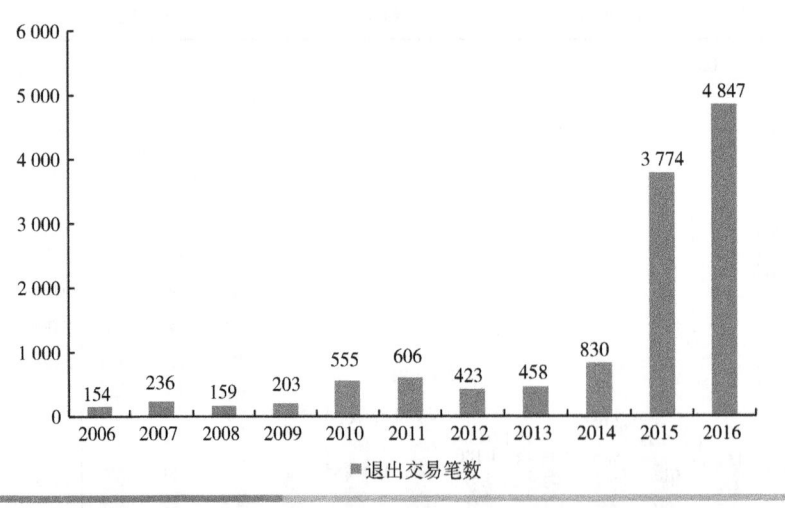

来源:私募通 2017.01

图1.4 2006—2016年中国股权投资市场退出情况比较

从退出方式上来看,2016年共发生3 195笔新三板挂牌退出,占比65.9%,是股权投资机构最主要的退出方式;其次是IPO退出,共发生545笔,占比11.2%。参见表1.6。2016年退出方式中值得注意的是新三板和IPO,尤其是IPO退出,2016年共有227家企业上市,历史排名第4位,其中有VC/PE支持的企业有174家。另外,新三板的流动性若改善,退出渠道将会更加通畅。经历了2015年的泡沫喧嚣之后,2016年新三板迈入"万家时代",成为全球最大的资本市场;新三板的扩容为股权投资机构实现退出提供了新的渠道。2016年受益于证监会核准速度加快,IPO退出占据重要地位。IPO退出依然是VC/PE最欢迎的退出渠道。参见表1.5和表1.6。

表1.5　2016年各季度中国股权投资市场退出情况比较

季度	退出交易笔数	比例
Q1′14	1 447	29.9%
Q2′14	1 172	24.2%
Q3′14	982	20.3%
Q4′14	1 246	25.7%
合计	4 847	100.0%

来源:私募通 2017.03　　　　　　　　　　　　　　　　　　www.pedata.cn

表1.6　2016年中国股权投资市场退出方式分布

退出方式	退出交易笔数	比例
新三板挂牌	3 195	65.9%
IPO	545	11.2%
股权转让	489	10.1%
并购	325	6.7%
管理层收购	80	1.7%
借壳上市	33	0.7%
回购	19	0.4%
清算	10	0.2%
未披露	151	3.1%
合计	4 847	100.0%

来源:私募通 2017.03　　　　　　　　　　　　　　　　　　www.pedata.cn

2　2016年北京地区股权投资市场发展概况

根据《2017年北京市政府工作报告》,2016年北京市实现了"十三五"良好开局。初步预计,全市地区生产总值比上年增长6.7%左右,居民消费价格上涨1.4%,城镇登记失业率1.41%。一般公共预算收入增长7.5%,城乡居民人均可支配收入实际增长6.7%左右,京津冀协同发展取得新成效。2017年是实施"十三五"规划、率先全面建成小康社会、建设国际一流的和谐宜居之都的关键一年,京津冀协同发展也将带来新的发展机会。

北京市顺应网络时代大众创业、万众创新的新形势,充分发挥中关村国家自主创新示范区的载体作用,着力打造全国科技创新中心的建设,制定科研项目和经费管理28条改革措施,落实外籍人才出入境管理20条政策,实施"互联网+"行动计划。大众创业、万众创新持续活跃,新技术、新产品、新业态、新模式不断涌现,新设科技型企业增长22.4%。中关村示范区总收入增长12%以上,全市技术合同成交额增长14.1%,科技对经济增长的贡献率超过60%。深入开展服务业扩大开放综合试点,完成试点任务的80%,形成可复制推广的8项体制机制创新,催生了10种新业态。落实京津冀系统推进全面创新改革试验方案,出台中关村国家自主创新示范区京津冀协同创新共同体建设行动计划。推动建设张北云计算基地等创新载体,打造了一批跨区域的创新创业服务平台。

2016年是北京"十三五"开局之年,北京市股权投资市场也实现新的突破,从募资、投资和退出各项指标来看,北京市股权投资市场都呈现"井喷式"增长。

2.1 2016年北京地区股权投资市场规模概览

北京市是创业/股权投资机构最聚集的城市。截至2016年底,中国在中国证券投资基金业协会备案的创业/股权投资管理机构有9 138家,其中,北京市创业/股权投资管理机构备案的有1 932家,机构数量位居全国第一,超过20%的股权投资机构聚集于此。除北京市外,上海市创业/股权投资管理机构备案数量达到1 650家;深圳市创业/股权投资机构备案数量达1 602家;浙江省创业/股权投资机构数量为821家;江苏省创业/股权投资机构数量为528家。具体情况如表2.1所示。

表2.1 截至2016年底北京、上海、深圳、浙江、江苏创业/股权投资管理机构备案数量

机构地域	管理机构数量	占比	机构地域	管理机构数量	占比
北京	1 932	21.1%	浙江	821	9.0%
上海	1 650	18.1%	江苏	528	5.8%
深圳	1 602	17.5%			

来源:私募通2017.03　　　　　　　　　　　　　　　　　　　　www.pedata.com

2.2 2016年北京地区股权投资基金募集情况

2016年股权市场活跃,募资总量再创新高。募资方面,如表2.2所示,2016年,北京地区股权投资市场新募基金814支,同比增长32.4%;募集金额4 581.48亿人民币,是2015年募资额的2倍,位居全国首位。北京市多支大额基金拉升了募资总额,如2016年9月份国资委牵头的两大基金相继落地,国有资本风险投资基金目标规模2 000亿元人民币,首期募集1 000亿元人民币,国企结构调整基金目标规模3 500亿元人民币,首期募资1 310亿元人民币。

表 2.2　2010—2016 年北京地区股权投资募资总量同比比较

年份	新募基金数	增长率	募资总额(亿元人民币)	增长率
2010	29	—	444.59	—
2011	221	662.1%	1 722.85	287.5%
2012	204	-7.7%	943.81	-45.2%
2013	170	-16.7%	475.45	-49.6%
2014	214	25.9%	2 086.84	338.7%
2015	615	187.4%	2 280.09	9.3%
2016	814	32.4%	4 581.48	100.9%

来源:私募通 2017.03　　　　　　　　　　　　　　　　　www.pedata.com

人民币基金募资占比超九成,绝对优势十分显著。2016 年,北京地区创业投资和股权投资管理机构共新募集完成人民币基金 814 支,募集规模 4 581.48 亿元人民币。外币基金新募集仅有 38 支,占募集基金总数的 3.7%;募集规模共计 989.08 亿元人民币,占募集总额的 21.6%。人民币基金新募集共有 776 支,占比 96.3%;募集规模共计 3 492.40 亿元人民币,占募集总额的 78.4%,人民币基金增幅明显。2016 年政府引导金、险资、银行、信托、市场化人民币母基金强势入市,因此人民币基金资金充盈。

2.3　2016 年北京地区投资情况分析

北京地区股权投资"霸主地位"无可动摇。2016 年,北京地区共发生创业投资和私募股权投资 2 863 起,投资金额共计 2 493.38 亿元,较 2015 年同比分别上升 10.3% 和 70.2%。其中,北京地区共发生 VC 投资案例 1 106 起,涉及投资金额 458.78亿元;北京地区共发生 PE 投资案例 938 起,披露的投资金额高达 1 989.00 亿元。从全国范围来看,2016 年北京地区投资案例数和投资金额均位居全国首位,投资案例数占比 31.4%;投资金额占比为 33.5%,投资案例数占比比上年上升 5.6 个百分点。具体参见表 2.3。

表2.3 北京地区投资总量的同比比较(2010—2016年)

时间	总案例数(起)	变化率	总投资金额(亿元人民币)	变化率
2010年	259	—	248.30	—
2011年	473	82.6%	690.06	177.9%
2012年	360	-23.9%	311.39	-54.9%
2013年	504	40.0%	611.06	96.2%
2014年	871	72.8%	1 729.65	183.1%
2015年	2 596	198.0%	1 464.97	-15.3%
2016年	2 863	10.3%	2 493.38	70.2%

来源:私募通 2017.03　　　　　　　　　　　　　　　　　www.pedata.cn

(1)互联网及IT行业投资活跃。2016年北京地区创投及股权投资主要集中于互联网与IT行业,互联网行业共发生769起投资案例,投资金额1 030.21亿元人民币;其次是IT行业,共发生486起投资,涉及金额180.95亿元人民币;位居第三位的娱乐传媒行业发生347起投资,金额达141.50亿元人民币。具体参见表2.4。

表2.4　2016年北京地区股权投资行业

行业	投资案例数(总)	投资金额(亿元人民币)
互联网	769	1 030.21
IT	486	180.95
娱乐传媒	347	141.50
电信及增值业务	298	145.21
生物技术/医疗健康	213	98.27
金融	209	292.71
教育与培训	101	19.38
房地产	52	158.14
连锁及零售	52	27.84
汽车	44	58.46
电子及光电设备	39	20.49
清洁技术	37	27.96
机械制造	35	10.93
物流	22	21.13

续表

行业	投资案例数(总)	投资金额(亿元人民币)
能源及矿产	10	170.35
建筑/工程	9	2.46
农/林/牧/渔	9	2.32
半导体	7	3.15
食品&饮料	7	6.05
纺织及服装	5	0.13
化工原料及加工	4	14.97
广播电视及数字电视	3	1.65
其他	91	57.10
未披露	14	2.01
总计	2 863	2 493.38

来源:私募通 2017.03　　　　　　　　　　　　　　　www.pedata.cn

(2)北京股权投资主要集中在战略性新兴产业、文化创意产业等领域。2016 年是北京地区"十三五"开局之年,战略新兴产业和文化创意领域投资是主要投资产业。具体而言,2016 年,北京地区战略性新兴产业领域有 2 138 家企业获得股权投资基金支持,占本市投资案例总数的 74.7%,投资金额 1 868.56 亿元人民币,占本市股权投资总金额的 74.9%。从全国范围来看,北京地区战略性新兴产业股权投资案例数在全国占比为 32.3%,金额占比为 37.6%。此外,本年度北京地区有 346 家文化创意企业获得了股权投资基金的支持,投资总额 141.30 亿元人民币,投资案例数和金额分别占全国 42.9% 和 40.7%,遥遥领先于其他省市。

(3)北京地区股权投资人民币投资拥有绝对优势。2016 年北京市股权投资市场有 2 561 起人民币投资(创业投资 777 起,PE 投资 837 起),披露投资总额 1 496.22 亿元人民币(创业投资占 244.40 亿元人民币,PE 投资占 1211.50 亿元人民币),占 2016 年北京市投资总量分别为 89.5% 和 60.0%,人民币投资占据绝对优势。近年来,人民币基金在股权投资领域优势明显,一些外资背景的股权投资机构也基本上拥有人民币基金。人民币基金在北京股权投资市场拥有很大话语权的原因一方面是中国本土投资人经过外资机构的培养,已经开始逐渐成熟;另一方面,人民币 LP 也在逐渐成长,人民币基金募资较为容易。

(4)北京市早期投资活跃,致力于打造全国科技创新中心。北京市一直是早期投资最活跃的地域。根据清科集团旗下私募通统计显示,2016 年北京市早期投资市场共募集 16 支基金,募资金额 12.45 亿元人民币;投资方面,2016 年北京市早期投资共发生 819 起投资案例,披露金额约 45.59 亿元人民币。早期投资行业分布方面,早期投资依旧热衷于属轻资产的 TMT 项目和文化创意行业,其中互联网、IT、娱乐传媒最受天使投资人追捧,2016 年的早期投资案例数量分别为 215 起、141 起和 111 起,投资金额分别为 11.55 亿元、5.97 亿元和 4.83 亿元。具体如图 2.1 和图 2.2 所示。

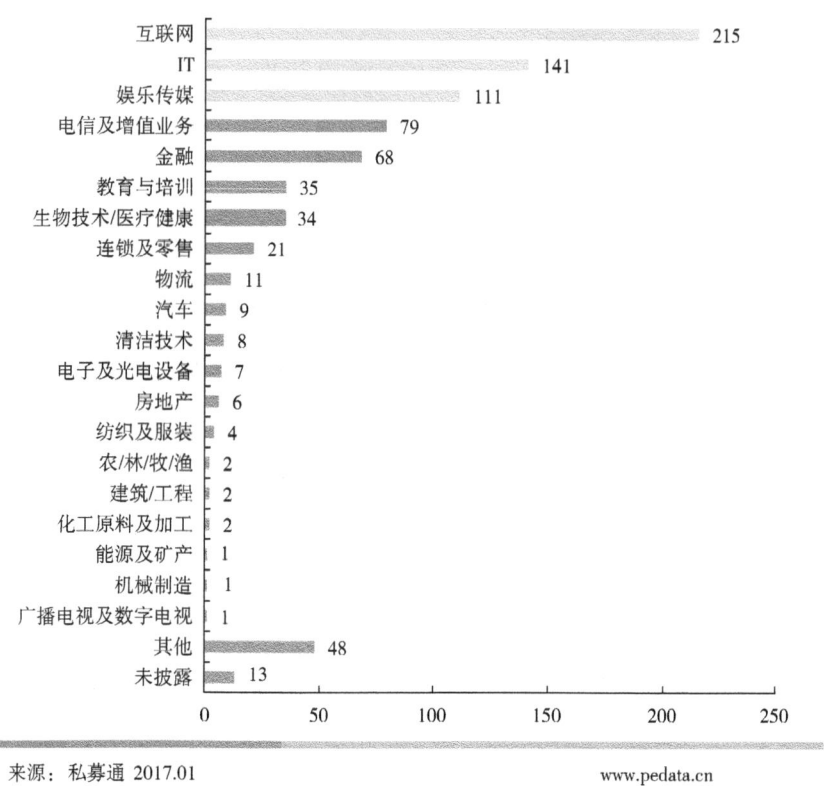

来源:私募通 2017.01

图 2.1　2016 年北京地区早期投资市场一级行业投资分布(按案例数,起)

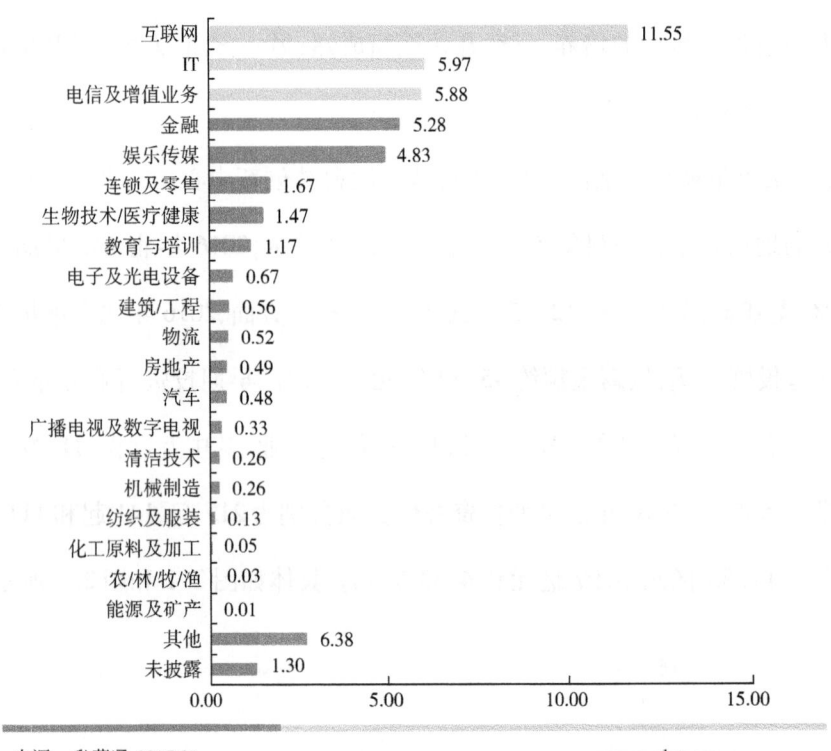

来源：私募通 2017.01　　　　　　　　　　　　　www.pedata.cn

图 2.2　2016 年北京地区早期投资市场一级行业投资分布（按投资金额，人民币亿元）

2016 年北京地区企业获得早期投资共计 819 家，占比 40.6%，同比下降 9.3%，涉及投资金额 45.59 亿元人民币，占比 37.2%，同比上升 5.0%。具体如图 2.3 和图 2.4 所示。清科研究中心认为北京地区智力资源最富裕、服务体系最完善、双创政策最健全，成为中国早期投资的活跃之地，为中国早期投资发展提供了大量的高素质人才和丰富的行业资源，这使得北京地区创新创业的"霸主地位"不容撼动。另外，北京地区的实有企业数位居全国前列，被投企业标的充足。据统计，截至 2016 年底，北京地区实有企业有 137.72 万户，同比增长 15.1%。2016 年北京市新登记企业数 22.20 万户，同比增长 9.3%。2016 年 10 月，北京市工商局将在"四证合一"的基础上实现"五证合一、一照一码"，企业办事时限由过去办理各类证照的 20 余个工作日缩短为办理一照的3至5个工作日,进一步缩短企业办理业务时间。同时,企业到海淀区工商分局注册登记将实现"全程电子化",换照窗口5分钟办一户。另外,北京市双创基地也为大量的初创项目提供孵化空间及服务,海淀区作为全国首批"双创"示范基地,加速高端要素集聚,五年来高新技术企业总区域收入年均增长15.4%,高新技术企业实现增加值占地区生产总值60%左右;创新创业活力日益活跃,近五年来技术合同成交额累计6 635亿元,发明专利授权量年均增长18.5%。

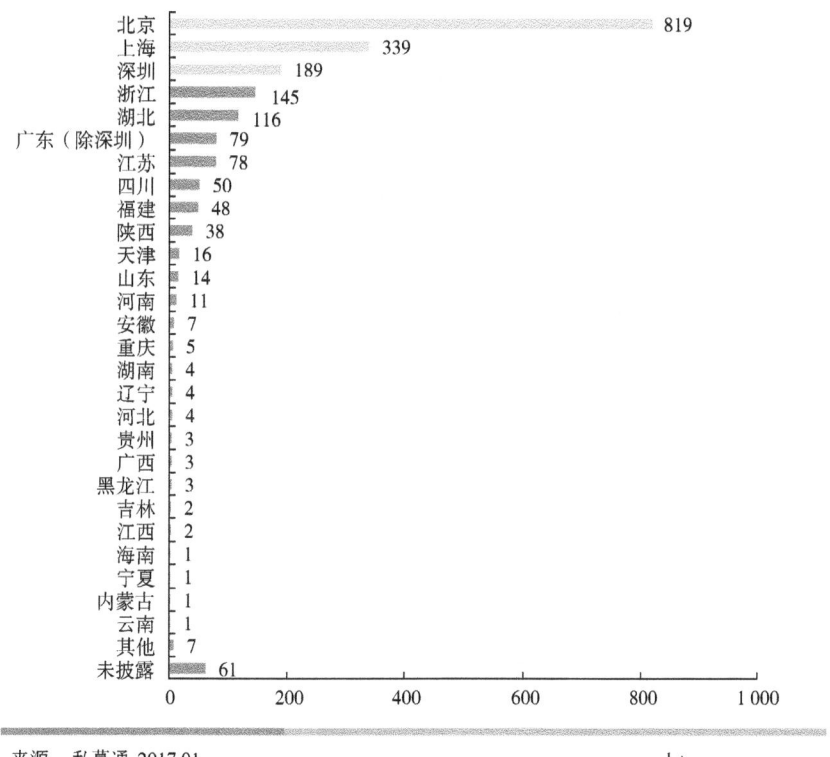

来源:私募通 2017.01　　　　　　　　　　　　　　　www.pedata.cn

图2.3　2016年中国早期投资市场地域分布(按案例数,起)

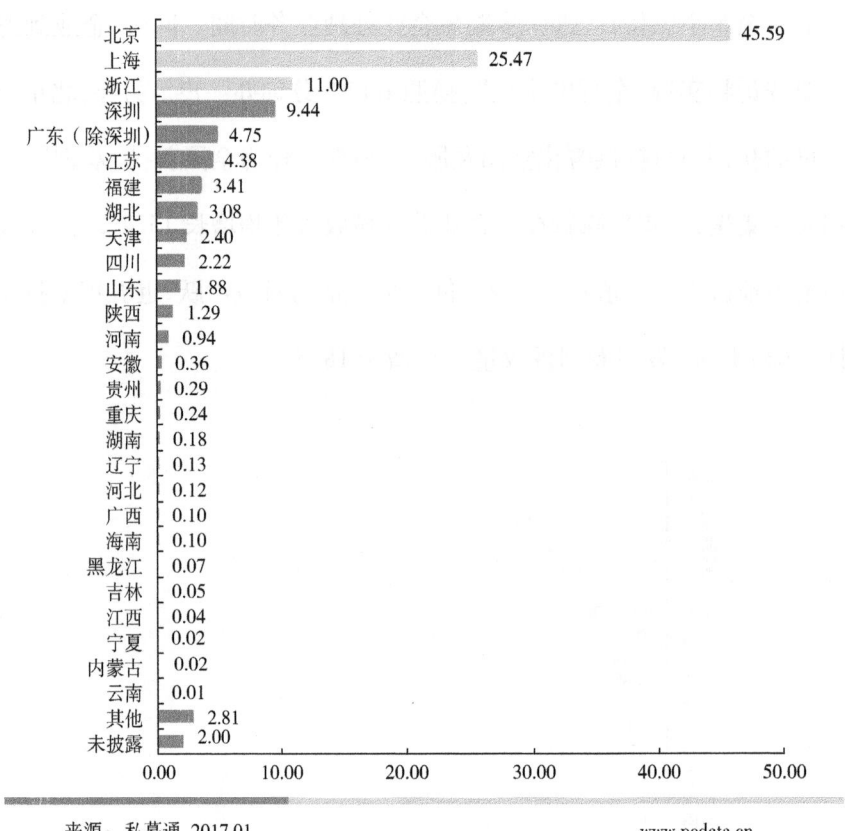

图 2.4　2016 年中国早期投资市场地域分布（按投资金额，人民币亿元）

2.4　2016 年北京地区股权投资机构退出情况分析

退出方面，2016 年北京成功融资企业共创造了 1 004 笔①股权投资退出交易。在退出方式上，北京企业通过新三板退出 687 笔，股权转让 119 笔，IPO 退出 81 笔，并购退出 66 笔，管理层收购 13 笔，其他退出方式均在 10 笔以下。如图 2.5 所示。

北京地区企业境内上市高于境外上市。2016 年，北京地区共有 31 家企业上市，其中包括 25 家 VC/PE 支持的企业，共涉及 VC/PE 退出案例数 74 笔。由于境内上市

---

① 1 笔退出交易指 1 支基金从一家被投企业退出，如 N 支基金从 1 家企业退出，则记为 N 笔。

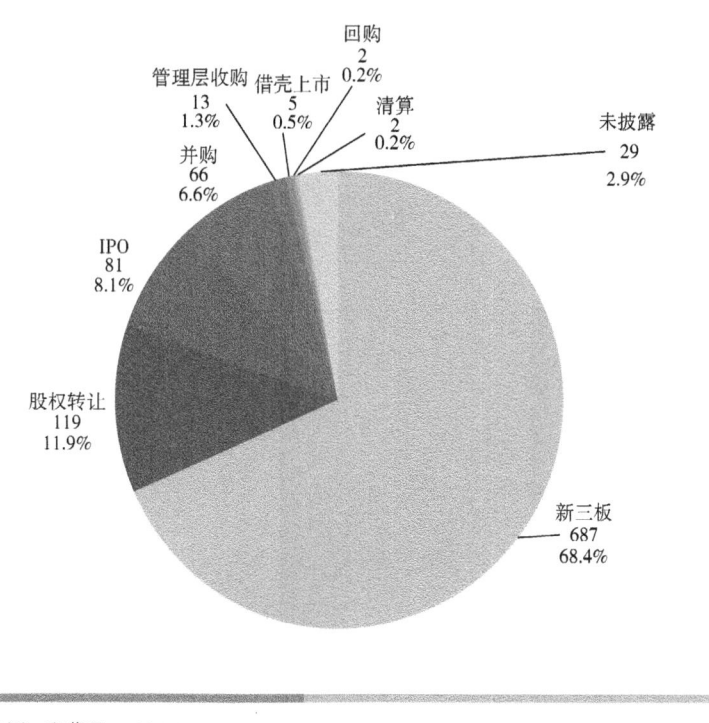

来源:私募通　2017.01　　　　　　　　　　　www.pedata.cn

图 2.5　2016 年北京地区股权投资市场退出方式分布(按退出案例数,笔)

回报远大于境外市场上市回报,因此境内上市期望高涨。自 2014 年开始,中企赴境外上市的态势火热,近两年中企境外上市活跃度有所下降。首先,其主要原因仍在于中概股在境外资本市场估值低于境内市场。2015 年上半年国内 A 股的火热行情加速了中概股回归的决心,使得海外上市体量相对前两年有所下降。其次,国内资本市场在 2016 年发出的注册制改革等信号也为中概股回归提供了利好信息,虽然目前注册制已踩刹车,但政策方向已定,中概股境内上市的决心也并未动摇。参见表 2.5 和图 2.6。

表 2.5　北京市 IPO 总量的同比比较(2011—2016 年)

时间	IPO 企业数(家)	VC/PE 支持 IPO 企业数(家)	IPO 退出案例数(笔)
2011 年	39	19	85
2012 年	28	18	48

续表

时间	IPO 企业数(家)	VC/PE 支持 IPO 企业数(家)	IPO 退出案例数(笔)
2013 年	12	9	29
2014 年	43	36	124
2015 年	49	28	100
2016 年	31	25	74

来源：私募通 2017.03　　　　　　　　　　　　　　　　www.pedata.cn

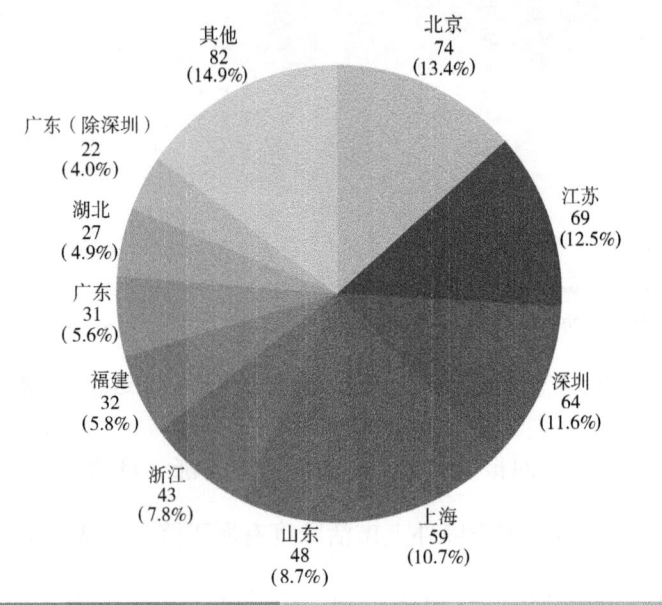

来源：私募通 2017.01　　　　　　　　　　　　　　www.pedata.cn

图 2.6　2016 年国内企业 IPO 退出地域分布（按退出案例数，笔）

第 三 部 分

第八届全球 PE 北京论坛精彩观点

呼吁避免人为增加股权投资行业准入门槛 要为行业创造宽松的准入环境

中国股权投资基金协会会长 邵秉仁

当前这种经济形式下大家对股权投资基金的发展和未来走势能这样关心,说明大家愿意通过这样一个平台来获得更多的信息,进行一些有益的交流,那我今天代表协会及协会的会员谈一些我的看法。

大家知道当前中国的经济正处于调整的阶段,投资不振,民间投资增长出现下滑;受全球经济增长乏力的影响,人民币的贬值压力在加大;消费虽然增长稳定,但是无法承担推动经济增长的重任。有的学者形容当前中国经济仍然处于L型走势的下滑阶段,没有达到底部,我同意这样一个分析。面临如此复杂的国内外经济形势,引导资金投入经济实体的股权投资也最敏感最快捷地感受到了当前经济发展的这个态势。

从今年前三个季度的行业数据来看,PE、VC募集金额呈上升的趋势,但是募集基金数量则出现了下滑,整体市场募集度活跃度在下降。与募集的情况相类似,PE、VC投资市场也呈现出一种降温的态势,投资活动密集度在下降,投资极端两极分化进一步加剧。这个是当前我们股权投资行业所感受到的一些情况。行业发展出现了一些显著的特点,主要是国有资本开始大举进入股权投资领域。今年第三季度设立的国有企业改革两个大的基金,国有资本风险投资基金和国企结构调整基金,首期募集规模分别达到1 000亿元和1 310亿元,据估算到今年的9月份国内存续的各类政府性引导基金规模达到3.3万亿元,占到股权投资市场总资本额存量的一半以上。

随着政府支持双创力度的进一步加大,还会有更多的国有资本通过设立股权投资基金的方式支持实体性经济发展。当前社保基金、保险基金、银行资金进行股权投资已经逐步在放开,可以预见市场的资金未来是充裕的。那如何看待这样一些特点?

我想谈三个观点：

第一，正确处理并发挥好国有资本和民间资本各自的优势，处理好两者关系。

当前国有资本大举进入股权投资市场，一个方面说明股权投资基金这一投资形式已获得了社会和官方的高度认可，这个来之不易。我们从创立股权投资基金协会至今已经8年多的时间，成立之初我们就呼吁养老基金、社保、保险基金应该进入这个领域，是稳定这个领域投资的一个重要基础。现在看这样一种期待随着整个政府和社会对于股权投资形式的高度认可，已经得以实现了，使国有资本成为支持股权投资市场稳定发展的一支重要力量。另外一个方面也要看到，在国有资本给市场带来资金增量的同时，也一定程度上挤压了民间资本的空间，因此必须发挥好国有资本和民间资本各自的优势。

国有资本虽然规模大，但是通常市场化程度比较低，效率不高。因此，国有资本应该在国家鼓励但是资金需求量大、技术研发风险高的那些产业领域发挥优势，特别是在国企改革结构性调整中要充分发挥国有资本的作用。而在市场竞争比较充分的行业当中，民间资本更具有灵活性和符合市场化运作的优势。

民间资本应该成为双创的主力军，但是目前民间资本面临着很多不公平的待遇，缺乏市场空间。尽管中央一再提出要为民间资本发挥优势创造更好的环境，我们的社会主义基本经济制度也规定这种经济成分是平等的，但是目前来看这样的精神还远远没有落实。民间资本投资还遇到一些困难，比如最近受非法集资泛滥的影响，今年年初工商管理部门暂停了投资字样的公司注册。在这种政策影响下，股权投资行业无法注册新的基金管理公司，严重影响了行业的正常发展。

股权投资与非法集资有着本质的区别，没有股权投资也有违法集资，只不过表现形式不一样，性质恶劣的非法集资案件大多集中在P2P领域。不能因为一些非法集资案件披着股权投资的外衣，就一刀切地暂停股权投资行业的公司注册，否则会对行业的发展造成负面影响。尤其是在当前经济疲软、投资不振的时候,那样一种决定会对整个经济产生严重的影响。

今年9月,国务院《关于促进创业投资持续健康发展的若干意见》中,明确鼓励个人、社会、政府等各级资本进入创投领域,支持大众创业、万众创新。虽然现在一些地方政府又开启了通道,但是只允许国有控股的股权投资基金进行注册,看起来好像是放宽了一步,但实际上又是对民间资本的变相歧视,这个与中央的精神是背道而驰的。

第二,要为行业发展创造更宽松的市场组织环境。

股权投资的这个行业的基本特征是私募性,通过非公开方式向少数机构投资者或者是个人募集,其销售、赎回都是通过私下与投资者协商进行的。这种特点决定了行业本身具有高度的自律性和约束性,因此不要人为地增加市场准入的这个门槛。

在投资领域,我主张市场准入要实行宽入严管,监管部门要简政放权,要加强对投资事中、事后的监管,让市场真正能够起到决定性的作用。不久前,证监会从规范股权投资发展的角度设置了从业人员考试制度,主要考的是基础性金融市场知识。通过了从业人员的考试不能代表他就具备了股权投资的业务能力,反过来考试不合格也并不意味着投资就不会成功,因此,完全没有必要设置从业人员考试。

事实上现在股权投资行业当中出现的一些乱象,主要是中基协最初开始实施私募基金备案制度的时候,给备案机构发放了带有金融字样的证书所造成的。证监会下面的这个协会始终把私募基金当作公募基金去对待,把一般的投资当作上市公司去对待,这个理念完全是不对的。中基协作为社会团体组织,不是政府部门,也不能够履行行政职能。根据中央关于社会组织改革的方向,协会等社会组织团体必须与行政机构脱钩,因为让协会具有行政审批权,使行政权力外延,极易引发腐败。现在中央关于社会组织改革的方向就是取消主管部门,所以说任何一个协会尤其是官办协会，一定要按照中央的指示去办，不能够行使任何行政权力，否则作为主管部门就要承担滥权的职责。

第三，就是进一步拓宽行业退出的渠道。

我国股权投资当前退出的主要渠道仍然是 IPO，因此行业发展需要进一步拓宽退出的渠道。首先是要建立稳定健康的证券市场，其次要加快新三板、地方股权交易市场等多层次的资本市场的建设。

建立稳定健康的证券市场，监管部门一定要充分发挥其监管职能。在当初我们设计证券市场制度的时候，那时我在国家体改委工作，设立这个证券市场是由一批从海外学成归来的年轻人，帮助政府借用西方的一些证券市场发展经验，根据我们国家的情况逐步设立并且逐步完善。尽管我们经验不足，当时就明确了证券市场是通过证券的交易，通过市场化的运作，反过来促进企业经营管理水平的提高，而不仅仅是起融资的作用。证监会首先唯一要做的事就是严格监管市场使其健康发展，打击做庄、做假、虚报公司业绩等行为，加强信息披露。价值发现和判断应该交由市场投资者决定，市场才能够健康的发展。

我们国家证券市场已经发展了 30 多年，历史经验证明，每一次行政干预，往往都会扭曲市场，对于证券市场产生不小的扰动。就拿最近发生的股灾来说，表面上看是所谓熔断机制，杠杆率过高等原因，但实际上深层次的原因仍然是行政干预。而我们早期为了解决国有企业的脱困，曾经培植了一批国有企业通过证券市场上市融资，但是现在回想起来当时的认识还没有现在这么深刻，而这几十家上市公司存续企业的问题我们一共处理了好多年才完全处理干净。现在来看这一批国有企业上市公司在市场上的表现仍然不尽如人意，表现不好，等于说让股民替国企脱困买了单，对这些教训我们应该深刻汲取。

今年 9 月份，证监会出台了一个"IPO 扶贫"政策，就是为贫困地区上市公司的

IPO 提供快捷通道。有学者对此提出了严厉的批评，我倒想就这些问题谈点我的看法。客观地说，证监会的初衷应该是好的，贯彻中央关于扶贫的指示。但是从法理上讲缺乏法律的支持，国务院对此也从没有过明确的要求。在历次扶贫文件当中都没有这样的要求。扶贫是政府的行政职能，不能够由市场去承担。把证券市场作为扶贫工具必然又要扭曲市场。

当前中央提出的是精准扶贫，要保证到2020年每户贫困人口都要达到小康，为此出台了许多政策措施，刚刚结束的会议上又要加强东西部地区对口扶贫的力度，这个都是实实在在的措施，否则还剩不到几年的时间想要多脱贫难度是相当大。尤其提出不落下每一户贫困人口，对于那些少老边穷的地区必须要真金白银地进行扶持支持，而且要有可持续性，不是简单拿钱的问题，但是没有钱也不行。但是出台证券市场扶贫的政策解决不了精准扶贫问题，即便你可以让贫困地区有那么具备条件的一两家公司IPO上市，但就能解决贫困户的问题吗？充其量给地方政府带来一定的业绩，解决地方财政的增加收入问题，但是解决不了精准扶贫问题，反而容易扭曲市场，造成市场的不稳定。所以说，这些事我希望证监会能够慎重发出每一个声音，出台每一项政策都事关证券市场的稳定和健康。

另外，多层次资本市场建设，就是让主板、新三板、地方股权交易市场等二级市场各司其职，同时还要积极推进并购重组等市场不断完善，为股权投资行业提供多种形式的退出选择。新三板自从扩容以来，已经成为股权投资特别是早期投资退出的重要渠道之一，但是新三板市场仍然存在门槛高、流动性差的问题，如何设计合理的转板制度，提高市场流动性，是新三板未来发展的关键。

最后，我想说当前经济尽管处于调整阶段，但是我希望我们股权投资行业的同仁们一定要增强信心，任何一个经济体在发展过程当中，都不可能始终保持一个两位数的高速增长，尤其是在当前全球经济不振的条件下，慢一些是正常的，要理解，要适应。当前经过中央大力开展反腐败斗争，已经形成了风清气正的发展环境，我们深信明年召开的"十九大"必将对全面深化改革做出进一步的部署，各项改革也将逐步落实。股权投资作为扩大民间投资、鼓励资本进入实体经济的最好形式，将在经济转型当中发挥更好、更重要的作用，行业也将迎来更快速的发展阶段。

股权投资是金融支持实体经济的最好方式

北京市金融局党组书记、局长　霍学文

尊敬的各位来宾，大家上午好！

欢迎各位出席本届全球 PE 北京论坛，我代表主办方北京市金融工作局对大家一直以来对论坛和首都金融业的支持和贡献表示衷心的感谢！作为私募股权基金行业一年一度的盛会，全球 PE 北京论坛已经成功举办七届，今天是第八届，它已经成为国内外 PE 业界探讨行业发展趋势、共享行业发展成果的重要平台，我们只需要看看这列长长的支持单位的单子就可以了解这一点，上面有国内也有国外的，因为 PE 本身就是一个全球性的、全国性的工作。我曾经问新任的轮值主席邓锋，我说你的公司成立在北京，发展在全国，又做了国际投资，关于这个有何感受，他认为 PE 本身的投资领域就决定了需要全国发展、全球覆盖，所以说今天我们这个论坛也是一个国际友人参加、国内外聚集的盛会。

中国有一句老话，既要埋头种地又要抬头看天。现在在经济转型时期，传统经验和固有模式遇到了前所未有的挑战，我们需要更多地去认识现状、看清趋势、增强信心、把握机遇。中国经济经过 30 多年的快速发展，经济总量不断增大，目前已经进入了经济发展的新常态。在中国产业升级和经济结构调整的大背景下，以习近平同志为核心的党中央做出了实施创新驱动发展战略的重大部署。国务院 9 月份发布了

《关于促进创业投资持续健康发展的若干意见》，也就是国发〔2016〕53号文件，这个文件是私募股权投资基金行业发展史上首个国家层面的重要文件，为行业的发展指明了方向，极大地带动了广大人民群众创新创业的积极性。

北京市紧扣创新驱动发展和大众创业万众创新这一时代主题，大力推进金融行业服务体系建设，不断拓展多层次资本市场服务的覆盖面，对股权投资基金行业采取了"募投管退"全链条管理，并做好资本市场与创新创业的对接，积极完善投融资体制，持续推进北京作为全国股权投资基金中心的建设。

一是加强引导基金的体系建设，优化政府引导和政策扶持。为统筹市政府出资基金的管理，我们设立了市政府投资引导基金，统一对基金进行出资管理，这是北京市私募股权投资行业加强顶层架构设计的有力措施。

二是多渠道拓展行业资金来源，率先开展投贷联动。今年11月25号，北京市第一笔也是全国首笔投贷联动项目正式落地，该项目是由国家开发银行北京分行、国开科技创业投资有限公司与中关村科技融资担保公司和北京人创生态环保科技股份有限公司共同签署投贷联动协议，并于当日实现了投资款与贷款的同步到位。有了第一笔，就会有更多的投贷联动的落地，现在大家可以看到一个非常好的形势，也就是银行将迈入投贷联动的时代，银行也将开始大踏步地开始投资银行业务。当银行开始投资银行业务以后，我们股权投资基金行业既面临着新的竞争，同时也是新的机遇。

三是推动我市多层次资本市场健康发展，完善行业退出渠道。截至今年9月底，北京地区境内上市公司273家，占全国的9%；累计首发融资8 219亿，占全国的33%，排名第一；全国中小企业股份转让系统市场规模进一步扩大，前三季度北京新挂牌公司增加了593家，总数达到了1 357家，较年初增长77.9%；北京地区挂牌企业定向增发368次，募集资金226.1亿元，居全国首位；北京区域性股权市场建设稳步推进,前三个季度新增服务中小微企业1 807家,总量达到了4 000多家。这些主板、创业板、新三板以及四板市场的发展极大地丰富了股权投资退出机制建设,我们也希望北京或者是在座的各位股权投资基金的老总们,可以在三板市场、四板市场更多地增加你们的退出机会,四板市场不要看他小,但它也给我们提供了一个转让的平台。

四是优化行业发展环境,持续深化金融业空间布局。依托海淀区创业大道,打造北京天使投资品牌形象,形成推动天使投资发展的经验,继而对全国天使投资发展起到示范引领和辐射带动作用;推进房山区基金小镇的建设,把基金小镇打造成生态、环保、智慧科技、宜居宜业的基金小镇。换句话来讲,金融发展环境是需要行业发展环境的支撑,行业发展环境中PE和创投又不一样,对于创业投资来讲我希望大家更多地把资本转向种子资金、天使资金等创投资金,因为如果我们在起步阶段能够得到在座的各位股权投资基金行业的支持,那很多的创业创新项目就将走得更顺畅,开发的产品更适合市场的需要。随着各项措施不断的优化,北京市私募股权投资基金行业呈现出良好的发展趋势。截止到三季度末,北京市在中国证券基金业协会完成登记的私募基金管理人已有3 551家,私募从业人员达到了61 803人,注册资本金达到了2 650亿人民币,备案数和资金规模居全国首位。前三个季度北京市共发生1 661起投资案例,投资金额达到了1 809.54亿元人民币,依然居全国首位。

私募股权投资基金行业在首都经济结构当中确实起到了结构优化和推动实体经济发展的作用,我记得以前我在这个会场也讲过,金融支持实体经济最好的方式就是股权投资,促进创新创业最好的结合就是天使投资和创业投资,这个是我们金融业支持实体经济发展最重要的管道,而且如果我们把这个管道打造起来,金融资本就可以源源不断地输送到实体经济,所以说就像我们熊焰从金融资产交易所跳出来,跳了半天最后又回到这个行业,又回到今天这个主持台上,这个就是这个行业的魅力。那私募股权投资基金行业的发展在推动实体经济发展的同时也是首都金融业发展的重要力量,在此我给大家分享一组数据,前三个季度北京市实现金融业增加值3 116.5亿,同比增长9%,占地区生产总值的比重达到了17.9%,对经济增长的贡献率达到24%,金融业实现三级税收4 777亿,占全市税收总量的45%。

金融业对首都经济的支撑作用更加明显,正像刚才邵秉仁会长所讲的,北京私募股权投资基金行业蓬勃发展的同时,也遇上了难以处理的问题,那就是很多机构借着私募股权投资基金的名义搞非法集资,截止到10月底北京市私募股权投资涉嫌非法集资的累计案件达到80件,金额是153个亿,涉及集资人超过万人。也就是说,如果我们这个行业完全按照规范去发展,其实不会有这么多非法案件,而由于这些非法案件打着私募股权投资基金的名义所以也给这个行业抹上了阴影。那为了进一步促进行业的健康发展,防范区域性金融风险,维护社会稳定,我们和北京证监局、工商局等部门组成联合工作组,在全市范围内开展打击以私募股权投资基金为名从事的非法集资活动,取得了积极的成效。这一工作得到了各家机构的支持,我们在此也感谢大家理解支持和配合,换句话来讲,今天所有在座的单位都是经过我们一个软件的审核,叫作冒烟指数,冒烟指数超过一定数值的单位是进不来这个会场的。

所以我想说,我们对整个行业加强监管主要依托的就是中国股权投资基金协会和北京股权投资基金协会,今后我们还要加大协会在行业管理当中的作用。协会轮值主席不是白当的,而是需要负责任的,而且我们也要给行业协会赋予更大的责任,我们想对私募行业加大准入会商、加强行业自律、加强对从事这个行业的参与人和企业的大数据图谱分析。下一步我们还要在行业协会之上加强党的建设工作,使我们这个行业不断健康发展。

2016年是十三五开局之年,十三五这五年是我国全面建成小康社会的决胜阶段,也是北京市发展方式转变经济结构优化的关键五年,更是在座各位私募基金界朋友顺应和引领新常态,谱写新篇章的五年,在此我代表北京市金融工作局表个态,将一如既往地关心支持这个行业的发展,加强政策集成,创新服务模式,优化服务机制,完善行业募投管退机制,积极为行业发展营造良好的发展环境。在此我也推荐一本书,就是《中国股权投资基金手册》,这个是在邵秉仁会长的领导下集合全行业的智慧写出来的。如果我们每一个人、每一个行业从业者都认真看一遍这个书的话,第一你将会处于这个行业的领先地位,第二行业的底层规范也将构建起来,所以我再一次推荐这本书。

最后预祝第八届全球 PE 北京论坛圆满成功,祝大家身体健康,谢谢大家!

把握海淀优势,为建设全国科技创新中心核心区贡献更大力量

海淀区区长助理 温琤

大家上午好!非常高兴参加第八届全球 PE 北京论坛,这也是全球 PE 论坛连续第五次在海淀举办。首先,我谨代表海淀区政府,对大家的到来表示热烈的欢迎,对一直以来关心支持海淀区经济社会发展的各级领导、金融机构,特别是股权投资行业的朋友们表示衷心的感谢!

作为中关村国家自主创新示范区的发源地与核心区,近年来,海淀区紧紧围绕首都中心城区的功能定位,以建设全国科技创新中心核心区为统领,把推动创新创业与打造产业生态体系相融合,主动适应和引领经济发展新常态,努力构建"高精尖"经济结构,在集聚创新要素、增强原始创新能力等方面,聚集了大量的优势资源。到目前为止,全市七成左右的科技型企业扎根海淀,其中国家级高新技术企业达 6 100 多家,占全市的一半、全国的 1/10;今年 1 至 10 月,区内规模以上高新技术企业年收入超过 1.26 万亿元,占到全市的近 40%。区域高层次人才数量居全市各区之首,聚集了联想、百度等一批国际知名企业,培育了乐视、小米、融 360 等一批国内知名品牌及"独

角兽"企业。海淀区在引领支撑创新创业方面,展现出了强劲的示范带动作用。

这些成就的取得,基于科技创新,成于金融支持。作为国家科技金融创新中心核心区,海淀区始终争当科技与金融融合发展、创新发展的领跑者,全力打造国际国内科技创新资源与各类创新资本高效对接的重要枢纽。截至目前,我区金融机构总数达 2 800 多家,上市挂牌企业超过 800 家;股权投资管理机构达到 629 家,占全市的一半,管理资本量超过 4 000 多亿元;区域内企业本年获投案例及并购交易合计超过 500 起,获投金额及并购交易额合计超过千亿元,数量及金额均居全市前列,特别是长江电力、美团点评、紫光股份、滴滴打车四家企业融资能力显著,获投金额合计超过 645 亿元。

在这样的区域科技金融良好发展的背景下,海淀区敏锐把握全球经济脉搏,紧跟资本市场动向,抢抓全球新一轮并购浪潮发展的机遇,在全国率先提出打造并购资本中心,发布《关于建设中关村并购资本中心的实施意见》,出台并购支持政策,成立中关村并购发展促进会,设立了首期募资规模超过 100 亿元的中关村并购母基金,并率先建设了天使投资信息登记数据库,进一步巩固海淀在股权投资行业的示范引领和发展优势。

今年 9 月,国务院发布了《关于促进创业投资持续健康发展的若干意见》(后文简写为《意见》),这是创业投资行业发展史上首个国家层面的重要文件。《意见》从投资主体、资金来源、退出机制、政策引导和扶持等多个方面,提出了进一步促进创业投资持续健康发展的政策措施,给股权投资行业发展带来了新的机遇。其中的一些措施正是海淀区长期探索尝试、寻求突破的政策"瓶颈"。下一步,我们将紧紧抓住海淀作为全国首批双创示范基地的有利契机,进一步深化简政放权、放管结合、优化服务改革,继续保持支持股权投资行业发展的政策环境优势、金融资本优势和科技资源优势,尽快形成"创业、创新 + 创投"的协同互动发展格局,培育一批具有国际影响力和竞争力的创业投资品牌,推动有实力的股权投资机构跻身国际国内先进行列。

各位领导、来宾朋友们,海淀对科技金融创新发展的谋篇布局、环境建设和产业打造不是一蹴而就的,需要行业监管部门和上级部门的悉心支持和有力指导,也需要各位业界专家、学者的探索研究和建言献策,更需要广大科技企业、金融机构的积极投入和主动参与。借此机会,真诚希望大家能一如既往支持海淀的发展,也热忱欢迎更多的企业、投资机构加入海淀科技、金融产业发展事业中来,在实现企业价值、追逐梦想的同时,为海淀建设全国科技创新中心核心区贡献更大力量。

最后,预祝本次论坛圆满成功!谢谢大家!

深化改革需要辩证处理好十个关系

国家发改委副秘书长　范恒山

各位来宾:

很高兴有机会参加这样一个重要的论坛。我曾经在国家体改委工作过,是邵秉仁会长的老部下,进入国家发改委工作后也有一段时间负责和参与改革事项。邵秉仁会长之前希望我在今天的会上讲讲改革问题,老领导说了话,我是恭敬不如从命,今天就说说改革的话题。不过大家也知道改革不好讲,容易出差错,所以我得用点心。习近平总书记最近刚刚主持召开了中央深改组第30次领导小组会议,会议审议通过了一批重要的改革方案,他在会上特别强调要总结经验、完善思路、突出重点,要提高改革的整体效能、扩大改革的受益面。这实际上为下一步深化改革指明了方向。从方法论角度讲,改革如何向前推进、在实践中如何操作是非常重要的,直接关系到改革的效果和改革的效益,所以从这个角度上深掘一下也是非常有价值和意义的。因此,今天我在发言中可能不谈 PE,不谈股权投资,不谈股票交易,但是我想下面谈到的有关改革的这些思考,对处理这些问题在道理上应该是相通的,对于我们的PE行业和证券市场的良性发展应该是有意义的。

十八届三中全会强调,全面深化改革的目标是完善和发展中国特色社会主义制度,推进国家治理体系和治理能力的现代化。但改革本身不是目的,改革的目的还是要促进生产力发展、推进国家的现代化、实现全体人民的共同富裕。怎么走这个过程,过去30多年来我们积累了很多成功的经验,但同时也经历了不少曲折,所以说明确改革的方向、廓清改革的思路很重要,选择正确的路径也很重要。确保改革达到目标和目的,在内容选择、方案设计、推进方式、操作力度、落实机制乃至检查评估等各个环节都要进行正确处理和科学把握。刚才邵秉仁会长谈到的熔断机制问题,谈到的相关监管行为问题,实际上都与没有把控好改革的方式方法有较大关系。

那我们应该如何处理这方面的问题,在改革过程中一些重要的方面如何把握？我想是要辩证处理好这样十个方面的关系,下面是我的一些思考,借此机会提出来,供大家批评和参考。

第一,关于系统配套与突出重点。

改革需要系统配套,这是因为:其一,全面深化改革本身就体现着改革系统性、整体性和协同性的内涵。其二,改革处于攻坚阶段,单兵突进难以取得成功,任何一项改革的有效推进都有赖于其他改革的协同与支撑,许多改革事项是互为条件的。其三,改革越向前深入,越是到框架完善和内容集成阶段,系统配套要求越强,但系统配套仍然要突出重点。这是因为,一是所谓系统配套并不是面面俱到和同步推进,而是要求:在方案设计上要考虑相关改革事项的协同,在操作中要推进相关性较强的关键环节的改革,而不是胡子眉毛一把抓。与此同时,在具体推进时还要把握好各项改革出台的最佳时机。二是精力、财力物力和社会定力等因素制约,使改革不能够事无巨细一起推进。三是抓那些牵一发动全身的关键性改革,可以起到提纲挈领、系统配套的效果。要认识到面面俱到、轻重不分的改革，不仅不是系统配套的改革，还可能是碎片化、分散化的改革，而这样的改革会影响到改革的整体深入和关键性改革的及时推进。要梳理改革的实践进展、研析改革的逻辑关系，突出推出那些相互关联的重大的关键性的改革举措。

第二，关于统一指导与分层决策。

从总体上说，改革是关乎全局、体现方向、系统性强、风险性大的宏大创新工程，需要中央统一领导、整体把控和宏观设计。但就改革内容和实施效果而言，并不是所有的改革事项都要由中央政府及其部门来决策和设计。除总体谋划、顶层设计外，那些关乎全局、涉及根本、风险较大的改革事项应由中央政府决策；与现行法规有冲突、但有较强探索性的重要试验和试点也应由中央政府决策。其他改革事项，特别是与地方事务密切相关的改革，地方处置更为熟悉、精准的改革，原则上应该交由地方依据正向、有利的原则进行决策。这样做有利于充分发挥中央和地方以及社会两个方面推进改革的积极性，也有利于上下一心把改革扎实推向前进。

第三，关于部门负责与协调配合。

从当前情况看，部门负责涉及两个方面：一是制定改革方案，二是落实改革措施。在改革方案制定上，部门负责的优势是熟悉专业情况，缺陷是存在部门利益。因此，在由部门负责制定改革方案的基础上，应加强适宜机构在改革制定过程中的统筹协调。同时应坚持各相关部门共同参与，广泛听取各方意见。在改革措施落实上，部门负责的优势是可以借助完整的内部系统，缺陷则是势单力薄。因此，需要强化部门间的配合，克服各自为政、各行其是的状况，切实排除"中梗阻"，防止改革措施因为"我动你不动、你动他不动"而实际出不了部门、落不到实处的问题。

第四，关于积极借鉴与立足国情。

改革需要积极借鉴，尤其要积极借鉴那些经过提炼总结、普遍认同、适应性较强的做法，但任何借鉴都不可以盲目照搬照抄、依单全收。对于国外的一些做法要认真甄别分析，不仅要看效果，还要看实施的环境和条件。事实上，并不存在拿来就可以使用的放之四海皆准的做法和经验。国外许多成功的做法，往往也是依据自己的国情和实际条件创造或建设的，最为发达的美国也是如此。现在动不动就把美国经验看作是国际惯例，这是不正确的。其实美国的很多做法也并不是照搬照套过来的，而是从美国自己的国情和实际出发的。所以，不能把国外的做法与经验简单地理解为国际规则，美国创造的也不是。在PE、在股权投资、在证券市场监管等方面，借鉴外国经验时，一定要从中国的实际出发。改革实践和其他方面的实践已经无数次证明，照搬照套必然失败或付出沉重代价，只有把国际上较为通行的做法或多年来已经形成的惯例与中国具体国情区情结合起来，才可以取得成功或实现积极的效果。

第五，关于专家意愿与群众意见。

改革事项的选择和方案的制定往往是专家主导的，但专家主导不能唯自己的意愿是夺。专家定策必须"接地气"，必须充分考虑到中国的实际情况，必须积极体现广大人民群众的需要和诉求。为使改革内容选择和方案制定具有可操作性并体现有效性，有两个条件需要保障：一是专家队伍知识结构的完备性，包括熟悉中国的国情与区情，而这种比较完备的知识结构能够保障专家们制定方案时不会简单按理想行事，也不会囫囵吞枣、食洋不化。二是广泛听取人民群众的意见，不可自弹自唱、闭门造车。现实生活中有一些改革方案书卷气较足、洋味很重，充满理想主义色彩和晦涩难解的语言，老百姓看不懂，操作者不明白，且距离中国具体实际较远。这样的改革方案不会有人过多的关心，也不会得到扎实有效的落实，其不良后果在制定之时实际上就能认定。这一点，我多说几句。现在经济和社会生活中有一些流行的语言，很多很怪僻的语言，如果仔细地研究和分析就会发现它们其实是不符合逻辑的，是很荒诞怪僻的语言。比如现在大家都在讲的"流动性过剩"，我们也跟着讲。所谓流动性过剩，实际上就是钞票发多了。但有些人把它搬过来了,而一讲流动性过剩你就觉得这个词怪怪的,假如我在这里跟同志们讲,我们工作的艰巨性和复杂性过剩,你们是不是会说我的语文学的一塌糊涂呢?再比如杠杆率这个词,也是照搬过来的,普通老百姓、很多干部包括不少高学历的人都不懂什么叫作杠杆率。当然,今天这些语言已经很流行了,我们也就姑且用之了。但语言问题还是一个比较浅层次的问题,照搬一个词语并不是多大的一件事情,搬就搬吧。但是如果一些关键的、涉及根本的东西把它们整个照搬过来,就一定会出大事。所以我们对待这类事情一定要把握好,万不可理想主义。尤其是专家队伍中有国外学习背景的人较多的情况下应该要更加注意这一点。与此联系的一个问题是,一些改革方案以内容敏感、容易引起不良社会后果而采取封闭的方式制定,用保密作为一种硬理由来阻挡公开征求人民群众意见,这样做其实是似是而非的。其一,涉及大众利益的改革方案最终是要由人民群众来实践或实施的,开门听取意见的过程既是一个科学制定方案的过程,也是一个寻求共识提高人民群众心理承受能力的过程。其二,目前许多封闭制策的改革方案最终是要公布于众的,听取群众意见不过是把结果公开变成了过程公开,但结果公开还是过程公开对于方案制定的科学性和实施结果的有效性会有很大的反差。其三,广泛征求人民群众意见并不褫夺专家的最后决策,但在集思广益基础上的专家决策无疑会比封闭状态下的专家决策来得更周全、更公正和更务实。其四,涉及国家安全和殊为敏感的事项是可以通过适当方式进行处置和屏蔽的。总之应当把改革方案的公开制定或公开征求人民群众意见作为一种常态,把封闭制定相关改革方案作为一种特例,严格限制其数量。股票市场的运行及其监管涉及众多人的利益,出台相关政策和改革方案更应事先听取各个方面的意见,最好是公开征求意见。

第六,关于自身合理与外部经济。

各项改革方案的制定,既要考虑其内在系统的协调性和逻辑关系的合理性,也要考虑其外溢效应和正负性能,要准确了解一些改革措施所具有的"双刃"性质,相应采取应对措施。换言之,其一,要把改革事项的外部经济性作为研究改革思路的一个重要内容;其二,要把制定化解改革事项的外部不经济性的对策或预案作为制定改革方案的一个重要内容。考虑到许多改革事项往往关系全局,注重这一点十分重要。需要强调的是,相关风险的测算应尽可能量化,而应对举措的选择应尽可能实化。

第七,关于点上试验与面上推行。

改革是创新创造,需要探索路径;改革是突破突击,需要测试风险。通过选择合适的地区或单位,对难度较高、风险较大的改革事项开展先行试点试验,是推进改革不断深入开展和全面开展的良好路径。点上的试验可以大大降低面上推行的社会风险,可以大幅度降低制度和操作成本,还可以显著提升改革的效率和效益。由点到面,先点后面,这是30多年来改革积累的一条重要经验,应当加以坚持。现在有些创新型举措似乎是一下子就推开了,连商量的时间都没有。不要说跟老百姓商量,有些部门推出的一些举措甚至连部门间的沟通都做得不够充分。决策的时候随意性很强,但是决策造成负面效果后却没有人负责,这是不利于顺利推进改革的。

第八,关于部署改革与效果评估。

切实解决重改革部署、轻督促改革落实、鲜于进行改革效果考察评估的问题。把部署改革与检查评估改革一致起来,有利于提升改革方案制定的科学性,解决改革方案数量多、质量低、改革效果不彰的问题;有利于推进改革方案的落实落地,解决一些措施写在纸上、停在口上的问题;也有利于降低改革的成本,从整体上提升改革的效益。与此同时,应建立改革事项推进的责任制度,探索建立科学的改革评估机制。特别应重视第三方评估,依靠人民群众、专业队伍和舆论机构评价改革措施效应,督促改革任务落实。

第九,关于总结经验与反思教训。

改革是创新探索，在改革过程中取得积极成效和出现挫折失误都属正常状态。改革是建立新的制度和规则体系，要保障改革向着正确方向前行并达到既定的建设目标，需要不断总结完善。在实际操作中，一些地区和单位往往习惯于总结成绩，却难于承认挫折与失败，往往讲成绩多说问题少，有的甚至把问题也包装成成绩，在思想上存在着反思失误就是否定改革的担忧，存在着检讨问题就是抹杀自己成绩的认识。这不利于及时纠正偏差，会导致集腋成裘、积重难返、增加改革风险、提高改革成本、延误改革进程；不利于优化改革的社会环境，不利于增强人民群众对改革艰巨性、曲折性的理解与认同，会吊高一些人群的"胃觉"或期待感；也不利于疏解改革的逻辑纹理和演进规律，以更好地指导和推进改革。刚才邵秉仁会长在讲话中谈到证监会一位前领导说，熔断机制造成的股灾问题并没有得到充分的总结和反思，我在这里不想就这个事做更多的评价，但是如果我们对改革中出现的一些挫折和错误不认真深入地总结反思，是不利于改革顺利推进的，还会付出较大代价。在深改组第三十次会议上，习近平总书记特别强调要做好改革年度工作总结，既要讲成绩，也要说问题。这一要求十分明确，也十分重要。应把客观总结改革进程作为推进改革的一项重要的任务，及时"回头看"，加强反思，把改革遇到的矛盾和问题搞清楚，把推进改革中出现的失误和挫折搞明白，把改革的发展规律、逻辑联系和演进方向搞清晰。

第十，关于探索创新与制度建设。

要处理好"破"和"立"的关系，边改革探索、边总结反思、边梳理提炼、边建章立制。要把那些经过实践证明是成功的做法，通过规制加以体现，运用法律加以确立。由点到面，循序渐进，不断调整完善，逐步建立起一套符合中国国情、反映国际化要求，有利于推动生产力发展和增进人民福祉的新型制度体系。

上面谈到的十个方面的认识问题涉及整个改革，涉及改革的方式和路径，但我认为其中的道理是适合今天这个论坛的。尽管我没有过多地谈PE，谈股权投资和证券市场,但应该引起搞这方面工作的管理者和经营者的关注和重视。但上面纯粹是我个人的一些认识,请大家批评指正。谢谢大家。

私募股权基金是供给侧结构改革的主导力量

全国社保基金理事会副理事长　王忠民

我和大家分享的主题是私募股权基金是供给侧结构改革的主导力量。如果我们查找这两年来的一些关键词的话,供给侧结构改革应该是这个阶段重要的关键词,也是我们经济领域着力的聚焦点,如果要再具体化到几个主要方面的话,我们可以用"三去一降一补"来表现出它的主要的领域和战场。今天我们共聚在第八届全球PE北京论坛,一起来看转型时期的股权投资,回过头来总结,恰好是以私募股权基金的这种架构,以私募股权基金的这种逻辑,以私募股权基金的这种有效的运行机制,才改变了投资的供给侧基因,从而改变了投资供给侧的结构!

我们从三个层面的逻辑来逐步展开:

一是并购领域。如果我们要解决去产能、去库存、去杠杆等原有供给侧当中存留的问题,如果我们不通过新的产业并购,如果我们不把原有问题通过新的交易结构进行交易,让有效的投资者通过新的投资把资源拿去运用,使其脱离原有低效使用或者是产业定位不准确的资源,即完成市场出清过程,那么我们的供给侧结构改革就很难完成。

那么我们看今天中国的并购市场,主要通过基金的方式完成并购,而不是典型的西方国家的并购方式。我们知道在美国成熟市场当中如果要并购,更多是设置一个专门并购的公司,把这个公司的特殊并购目的明确化,叫作特殊目的载体或者是特殊目的公司,甚至为了这个特殊目的公司还可以直接把它设置为一种上市公司,在粉单市场可以上市挂牌。这个特殊目的公司必须要说明并购模式是什么，他发行的债券风险高，需要投资者共同承担失败的风险，于是设计出了股权结构里面的优先股、普通股，以及合伙人架构里不同的权益配置错综的架构。我们比较看，西方用这样一种SPV的架构去做并购，通过这种方式在资本市场当中有效地释放和有效地聚合风险和资本的时候，我们却没有这种SPV架构的工商设计、法律设计和税收设计。但我们在实践中却发展出了在基金的架构下去做并购，在基金架构下可以用有限合伙的逻辑实施合伙架构的底层逻辑配置，还可以用有限合伙逻辑，在市场当中运用银行理财、券商投资理财、信托理财和其他理财渠道，通过优先和劣后结构化配置，可以让基金在风险和责任之间不断地延伸，还可以把基金放在一个单独的基金内，单独的基金才可以享受这个基金背后的低税收和工商、法律定位的准确性。

如此，我们看到，今天中国市场当中并购涉及的标的选择、标的估值、权益重新配置，把资本和并购的标的之间有机地通过基金的这种方式连接在一起，如果我们要给这种方式一个命名的话，我们称为中国式并购。我们今天会议的主题是转型时期，转型期的资产都要重新再估值一次，重新再并购一次，重新再配置一次的时候，中国式方式即基金的并购方式是这个时代完成"三去一降"主要的方式。所幸今天在座的大家都在聚焦并购以基金的方式去推动。

二是双创领域。党和国家领导人高度重视双创，国家层面也在工商法律税务方面给予大量优惠：在做小微创业的时候就可以获得税务优惠，可以在工商事务当中无论是注册资本还是出资资本，以及获得来自政府其他方面的补贴和优惠。但是我们知道，创业是一个风险很大的过程，即使是创始人，即使是创业思想的提出者，也不敢拿自己全部的身家去投资，谁也不敢说一次创业就能百分之百成功，创业者也需要把自己的资产分布在不同的投资领域当中，即使是全部资产投入，也要把无限责任担当和家庭生活资产分割开来，不然你把全部都投入个人的一次性创业，而大多数创业者还年轻,经验还不丰富,一旦失败就是全部家庭的失败,那还不如把资本分成五份各投一份,这一份咱们冒一次风险,万一成功了我们就取得了伟大的成功。要注意创业失败率比成功率要高得多。

那这个只投了一部分资本的创业公司从哪儿获得其他资本,从双创基金中来。一个基金,只投10%在创业领域当中,他也是用风险分散的这个逻辑来做的。风险是用来分散的,不是用来集中的,谁敢集中风险必然会被风险至少击中一次,只有分散了风险,即使击中你,但也不会要命。双创基金推动了创业者的风险分担,也用无数个天使投资风险投资去与他分担,而分担的同时你就在规范他的成长,给他提供帮助,给他提供纠偏。这样才使中国的双创可以有效地成为一种大众投资行为,成功率在这样一个逻辑结构下才能得到有效的增长。如果我们回归到"三去一降一补",只有股权投资基金才能够面对未来,培育出中国新动能,这个新动能是规避了风险的新动能,加快成长规模的新动能。"三去一降一补",基金又在一补当中发挥了作用。

三是PPP领域。刚才邵秉仁会长已经讲了,今天政府很少使用直接投资的方式,我们曾经还有过一个企业投资政府补贴的阶段,现在政府不直接投资也不补贴了,而是把资金拿出来作为一个引导性的基金,作为LP的一分子,和其他的社会资本LP一起,通过GP的参与来推动全社会不同资本之间混合所有制在双层基金架构下有效的融合和投资,有效地推动未来中国社会在资本融合阶段、资本混合阶段的投资。如果我们在这当中找到PPP定位的话,我们发现,国有资本只能做有限责任投资者,也就是说,在这个双层架构当中国有资本只能做有限责任的LP,不能做无限责任的LP。无限责任是指你的此资产和你其他的资产是连接在一起的,如果你把国有资产做了无限责任,那你在这一单中做亏了,而国家信用也已经跟你连接在一起了,你不是把其他的国有资产也坑了吗?所以说国有资产在PPP当中只能做有限责任担当。

但事实上,一个PPP有效,最终的责任担当者一定是一个负责任的、有担当的无限责任担当者。这个担当者在PPP融资的对象选择、投后管理以及风险的最后担当中一定要担起他的责任,国有资本无非是说你担当这个责任但有没有担当的能力、有没有担当的智慧、有没有担当的团队、有没有担当的逻辑,有的话我才让去你担当这个无限责任,把我和其他的社会资本组合起来去投资。如果你一期运行好我还继续跟进三期四期,你如果搞得好我长期跟进你,这个逻辑才可以展现。注意这个双层逻辑克服了全球股权投资的一大命题。如果今天全世界都是以公司制的方式投资,即使以有限责任股份公司的方式投资,永远存在资本方和资本管理方之间的委托代理关系。我们从经济学的角度研究委托代理关系已经有上百年的历史,提出了很多的公司架构的内在逻辑,提出了很多股权结构的逻辑,也提出了很多的公司法当中的公司章程当中的设置,今天中国市场当中演变出的那些逻辑无非是委托代理之间的关系用什么方式去解决的问题。我们可以看到的是,如果存在委托代理问题,那么我们至今还没有找到可以应用于万千公司中都不会出错的那一把钥匙。

恰好基金用了双层架构,把解决问题的一种工具变成了两种工具的有效结合,解决的概率、解决的可能性、解决的有效性一下子打开了新的空间。我们今天看基金,从这个角度来说,才解决了中国今日大量庞大的国有资本的使用方法问题。如果要通过PPP的方式去做的话,已经找准了角色定位。今天看银行的理财,券商的理财,看其他任何一个社会资本资产值的话都是庞大的数据,但是你和谁共同去做LP? 有没有原始资本? 有没有一个最优先的人在优先的结构下愿意给你最好的回报? 这个初始的责任担当者、无限责任者是谁,如果这个社会资本找到有效回报,那么逻辑就容易连接起来。所幸的是基金架构,特别是中国的合伙公司制度的法律、工商和税务关系给了我们这样一个双架构的逻辑,提供给我们目前低成本的有效运行方式,所以说,基金担当了PPP当中的先锋,成为主责任的担当者,它将会为中国的资本融合、资本筹集和资本投资担当有效的责任。

如果我们通过基金解决了"三去一降一补",解决了供给侧,特别是解决了供给侧结构性的改革,解决了应该解除什么结构,产生什么新的结构,如此看来,中国的投资供给侧结构问题靠基金了,谢谢。

2017全球经济确定性和不确定性

国际货币基金组织前副总裁　朱民

感谢会议的邀请,使我有机会和各位嘉宾做一个沟通和交流。我今天想把我对明年的看法做一个简单的汇报,把我的一些观察说一下,因为时间的关系会比较的短,我的题目是2017全球经济确定性和不确定性。

我们看全球经济2017的话,我觉得第一个是全球经济会低位运行,这个是确定的。全球金融危机以后,除了2010年经济有一个非常强烈的反弹,之后经济增长速度一直在缓慢地往下走。今年全球经济增长速度是3.1%,用美元计的大概是2.5%左右,这是个非常低的速度。这是个非常特殊的现象,是自1929年全球金融大危机以来,从来没有发生过的事情。因为通常危机以后经济会反弹,反弹以后会下跌,再次反弹,然后持续增长。所以在过去的三年里面无数的机构说,这个经济如果这么走的话会发生危机,但是它没有发生。在过去的三年里面无数的机构说,这个经济应该会强烈的反弹回到强烈的增长,它也没有发生,那么我会讲为什么会这样。

与此同时,当这个经济处于一个比较低的增长水平的时候,整个风险还是以下行风险为主。这时不但是经济增长速度在低区间,整个经济的综合指数都在往下走。全球的投资水平大幅度下降:以今天的投资水平和2007年预期的投资水平相比,美国的投资水平跌了25个GDP百分点,其中企业和私人机构投资下降最多。所以说企业和私人机构不投资,8年里美国丢失了25个百分点GDP的投资,美国经济会强劲吗？当投资下跌的时候，全球贸易增长速度也会大幅度的下跌：从1986—2007年这个区间看，全球平均贸易增长速度是GDP增长速度1.5倍到1.8倍左右；而从2008—2015年这个区间来看，第一次贸易的增长速度低于GDP增长速度，这个是在过去40年里面从来没有发生过的。当贸易增长速度下降的时候，更令人意外的是全球资本流动速度的大幅度下降。2010年全球资本FDI占全球GDP的比重是4.8%，但是在2013年、2014年和2015年这个比重降到了2.8%，全球FDI占全球GDP的比重跌了40%，这也是在过去30年里面从来没有发生过的事情。

如果说贸易和FDI是全球化主要的推力，贸易增长放慢，资本流动放慢，全球化在哪里？当整个经济走软，当然资源的价格会下跌。石油价格今年年初跌到40美元以下。总需求弱是资源价格下跌很重要的原因，供给的结构发生变化也是很重要的因素。当传统的OPEC的石油供给量上升的时候，石油价格急剧下跌。看到这种形势OPEC开始调节他的供给，但是同时页岩油的供给继续上升，抵消了OPEC的减产，油价仍进一步下跌。油价由两个东西决定，第一个是总需求，经济增长在走弱；第二个是总供给，总供给结构性变化从传统的沙特等OPEC国家转到了出产页岩油的国家——美国，而页岩油今天的成本低至每桶只有40美元左右，所以说油价在这样大幅度的下降以后，在未来的若干年里油价水平会继续保持在低水平。

油价低、经济增长弱，当然通货膨胀的指数水平就大幅度地往下跌。15个国家通货膨胀的指数低于0，30个国家的通货膨胀指数低于1，45个国家的通货膨胀指数低于2，所以说全球主要国家的经济在今天都处于通货紧缩的压力之下，可能没有出现通货紧缩，但是都低于2%的这个基本的期望值。所以说全球正处于通货紧缩的压力区，这又是一个新的变化。

虽然通胀水平很低，但是在宽松政策下，利率水平也在不断地走低。从危机之前全球平均利率水平高达8%，跌到今天全球真实利率为负2%，这个是过去70年来几乎没有经过的现象:低增长,低投资,低贸易,低资本流动,低油价,低通货膨胀,低利率。这是一个低水平,但它不是危机,这是一个低均衡水平,这个是我们今天处在一个特别奇特和特殊的全球经济的环境。

上面所有讲到的都是事实,没有可以争议的,问题是今后几年这个趋势会不会继续维持,我觉得两个方面是很重要的。

第一个我们来看2008年的金融危机对全球经济的冲击影响。2008年金融危机后,全球GDP实际走向,相对于2007年全球经济没有危机的情况下形成的对GDP未来走向的预期而言,是整体向下平移的,平移到一个低的水平。2008年的金融危机对实体经济的冲击远远大于我们的想象。它等于把全球经济的运行冲击到了一个低的水平,这个就是我们今天的低的水平,而这个差距就是世界因为2008年金融危机损失的GDP的水平。理解这一点特别的重要,因为金融危机,我们今天处于一个低的均衡水平运行。

第二个,我们对于未来的潜在的增长能力做了一个分析。因为潜在增长能力是增长的基础,潜在的增长能力由潜在投资增长水平、潜在的劳动力增长水平和潜在的劳动生产率增长水平决定。刚才讲到投资水平在过去八年里急速下降,所以潜在投资水平在下降;由于人口老龄化,潜在劳动供给率也在下降;劳动生产率在过去的十年里一直在下降,在整个模型当中我们还是对劳动生产率给予了很高的期望,希望它能够走的比较强,尽管如此,潜在增长率在未来五年还是往下的趋势。

如果把以上两方面加在一起,未来的两到三年里,整个经济因为危机的原因被推到低的水平,因为我们的投资、劳动力增长和效率增长的减速使得潜在的增长水平发生了变化,所以说在未来的几年里,全球经济继续处于一个低的但是均衡的状态。

低增长、低投资、低贸易、低资本流动、低通货膨胀、低油价、低利率,我认为这是确定的。大家都关心2017年的世界经济,所以说这个故事好像讲完了,就是说你跑到这儿来讲了一个不太好的故事,经济增长不是很强劲,这个不好。我觉得这个没有好和不好的问题,如果这是一个事实,你只有接受和不接受的问题,你承认这个事实,改善你的战略你还是赢家;如果你一定要坚定不移地相信经济会强劲地增长,由此决定你的战略,那对不起,你可能会输掉,所以说这个世界经济的形势没有好和不好的问题,只有你怎么认识的问题。这个故事好像讲完了,世界经济不太好,但是这是很透明、确定的,这对大家的决策有帮助,这就是好事。

然后美国发生了一场选举,美国选出了一个很奇特的新总统。这个总统和以往历届的总统不一样,他说了很多他的经济政策,这下世界乱套了。所有人都在猜测和想象他的政策是什么,他的政策可能对全球经济带来什么影响,这个成了2017年的不确定性。

特朗普的经济政策是很明确的,在整个的竞选期间,他说了无数的话,他所有的话归拢起来就是三条。

第一条减税。他要把居民所得税从现在的10%—39.6%的七档减到10%—25%的三档,要把低收入的居民税的抵扣从1.2万美元增加到3万美元。所以说他的减税对富人有利,最高税从39.6减到25;对穷人有利,穷人的抵扣可以增加。他要减公司税。现在美国的公司税水平是35%。而OECD国家平均的公司税水平,大致在过去20年期间,从1995的34%左右跌到了今天的22%左右,跌了12个百分点。世界的公司税的整体水平也是下降的趋势,比如说意大利公司税从20年前的55%跌到今天的只有29%。世界最低的公司税是英国和加拿大,只有15%。所以美国存在着对公司税进行改革和调低的可能,也有下降的空间。共和党历来主张减税,共和党现在在参议院和众议院均占优势,把政治因素加在一起来看,特朗普减税是必然的,他会减居民税和企业税。

特朗普的第二条政策就是美国的贸易保护主义。他认为美国的经常账户赤字太大,美国出口小于进口,他要把工作留在美国,扩大美国的出口,我认为这个他也会去做。他说他会退出TPP,很明显他会,因为国会已经明确表明不会批准TPP;他说他会退出北美贸易区,这可能不太容易,因为这已经成为法律,但是他可能要重新谈判。如果你看市场的话,你会发现市场特别有意思,特朗普当选当天全球的市场波动,日元从106到100,但第二天又回到105,英镑、俄罗斯卢布等都在波动。墨西哥比索在第一天贬了10%,在接下来两周继续贬了2%。市场很有意思,因为你可能会重开谈判,所以墨西哥比索先贬值了12%,就是说墨西哥对美国的出口已经便宜了12%,正好和北美贸易协议的关税优惠抵消。他也会加强国对国的贸易谈判,比如说对中国,我觉得这个他也会做。

第三条,他说他要加大对基础设施投资,从5 500亿到1万亿。美国基础设施的质量在危机期间急剧下降:2006—2007年,危机之前,美国的基础设施质量指标为6.3左右,仅低于德国的7;危机期间,8年之中美国的指标持续下跌;最近的两年,2014—2015年的指标跌到5.3左右。美国公路质量太差,火车非常缓慢,机场非常拥挤,这已经成为大家的共识,所以美国存在对基础设施投资的需求。25年以前,美国政府对基础设施投资占GDP的比重是2.8%,今天跌到了1.4%。在20多年的时间里,美国政府对基础设施的投资跌了50%,这个也几乎是从来没有在美国历史上发生的事情。美国的基础设施老化,需要投资;美国政府投资比例太低,需要增加政府的投资,所以说这件事他会做。

对于特朗普的经济政策,虽然很多人讨论他是个商人他可能会变,他说了可能不做,但是我看来,减税、贸易保护、增加基础设施投资这三件事是明确的,他都会做。贸易政策他会做,强势地做,基础设施投资现在美国也基本上是共识,政治上他也会做。

那不确定的在什么地方?不确定的是到现在为止他说他要做,我个人相信他会做，很多人认为他会做，但是没有人知道他怎么做。到今天为止我们没有看到任何关于他的计划的实施的细节、方案。他准备怎么增加基础设施投资？他准备怎么减税，他减的比例谁受惠谁不受惠？没有人知道这一切。这就成为2017年全球经济金融最大的不确定性。因为增加基础设施投资，因为减税，所以美国经济会走强，所以市场关于美联储加息的预期上升，由于欧央行和日央行继续维持0利率，所以美国同欧央行和日央行的利率的差距会加大，这当然会增加资本流动。在主要央行的货币政策差距扩大，美国的利率走强的时候，会产生一系列的全球影响。我这里主要讲两个影响。

第一个是风险溢价的变化。美联储在历年的公告中都会向世界宣布其可能加息的预期和期限，例如在2019—2021年，达到3%的水平。由于数据变化，美联储加息存在可能的调整空间。这很正常，没有任何的问题。但是市场从来不听美联储的，市场认为美联储不可能加息，市场认为的美联储的利息水平是低于美联储宣布的加息预期水平的。在特朗普当选前，市场永远是赢的，美联储的加息预期一次一次落空，美联储宣布的加息预期在不断往下走，迎合市场的预期。特朗普当选改变了市场的预期，第一次市场意识到市场可能会跟着美联储的预期走，这是一个重大的变化。因为我们通常说在市场预期和美联储预期之间的这个空间就是我们所称的风险溢价，风险溢价是全球资本回报中最主要的一块，占全球资本回报的50%—60%，现在这个风险溢价开始发生变化，全球的资产到今天为止仍然是按照原来的市场预期的利率水平来布置的，如果市场预期这根曲线向上走去迎合美联储的预期，全球的金融资产便需重新配置，这是一个巨大的波动。你只要回想一下，2013年美联储主席说了一句话，要放缓和收缩美国的宽松货币政策的进展，全球就经历了如此巨大的金融市场波动。所以说第一个最大的不确定就是2017年美联储会怎么加息，怎样强度的加息，以及市场怎样对这个加息反应？这是一个巨大的风险，因为我们所有人都对2013年的波动记忆犹新。

在美国经济走强,美联储加息的预期下,美元走强的预期急剧上升。在历史上,美元走强的第一个高峰是20世纪80年代,发生了拉美金融危机;美元走强的第二个高峰是20世纪90年代,发生了亚洲金融危机;今天,我们处于美元的第三个走强期。为什么美元走强会发生全球金融危机呢?因为美元走强意味着你的美元负债要负更多的利息,无论是公司的资产负债表还是国家的资产负债表都会恶化。如果你没有足够的利润来支付这个利息,你就会破产。美元走强就意味着美国的利率水平和当地利率水平的差额在减少。在过去三周时间,美元的10年期利率水平急剧上升,美元和当地市场的利差,和中国、和所有新兴市场的利差,都在急剧地萎缩,资本趋于流回美国市场。这正是20世纪80年代在拉美发生的,企业负债过高,没有财务能力支付美元债的利息;金融市场严重依赖美元资本,当美元资本流出,公司和资本市场同时崩溃,危机就产生了。几乎是完全一样的故事,在20世纪90年代再次发生,这个就是亚洲金融危机。当然今天无论是公司还是国家掌管风险的能力,和全球对资本流动的监控远远超过了以前任何时候,但是美元走强使得全球的金融风险上升了。

特朗普说得很好,他说他要减税,他要增加这个开支,但是钱从哪里来?也许在座所有人都会想到美国投资基础设施,如果他"开门"的话。共和党很有意思,在台下的时候总是坚持要民主党保持财政平衡,一上台以后就总是加大财政赤字,里根是最典型的案例。所以特朗普一定会走财政赤字的路来推动经济的增长,我觉得他一定会这么做。问题是这个赤字有多大?2001年美国的财政赤字占GDP的比重是3.3%,明年这个比重会继续增长,增长到4%左右。当美国财政赤字上升的时候,美国通常会进口更多。美国经常账户赤字会从目前的3%的水平增长到3.5%或者是4%的水平。明年对美国最大的考验和挑战就是美国会不会重新回到财政和经常账户的双赤字的高峰,即达到 4 个 GDP 的百分点,回到危机前的水平。如果这件事发生,之后美元走弱。这又是一个不确定性,而且是一个更大的不确定性。

我上面讲的是美国政府总体债务,从联邦政府债务看,现在整个联邦政府债务也在往上走,而且在特朗普的政策下会继续向上走。美国借钱不容易,因为美国借钱要总统向国会申请。美国有债务上限的额度,总统要提高债务上限的额度必须得到国会两院的批准。2011 年奥巴马要提高债务上限,没有和国会很好地合作,那时候在几乎三周的时间里美国所有的博物馆地铁全部关闭,因为联邦政府没有钱。美国的债务上限危机导致全球金融市场巨大的波动和 GDP 的波动。在特朗普的政策下我觉得这件事又会发生。2017 年 3 月 15 号特朗普必须到国会申请提高债务上限。虽然共和党拥有两个院的主导权,但能不能顺利地实施?能不能提高债务上限?这又是一个巨大的不确定性。

如果把这些加在一起的话,美国明年的经济增长会有很大的不确定性。我们分析,美国的 GDP 增长在明年会有一个上升,然后再缓和地下降。问题是明年的上升有多强,它能不能持续?如果它不可持续的话,它下跌的幅度会有多大?这又是一个很大的风险。所以如果把特朗普的政策拉进来的话,美国的经济金融的变动是 2017 年全球最主要的风险。美国对全球经济的影响是巨大的。我们做了一个分析,如果美国经济增长一个百分点或者下降 1 个百分点,会引起比如加拿大,直接受影响 0.6 个百分点,加上间接影响 0.9 个百分点;墨西哥所受影响加在一起是 0.8 个百分点;又如沙特,会受直接影响 0.3 个百分点;中国会受直接影响加间接影响共 0.3 个百分点。这里直接影响是指通过贸易、投资、产业制造链等对经济造成的直接影响;间接影响是指由于信心等传播、感染的影响。间接影响在今天的世界里,很多时候会超过直接影响。例如法国,法国受美国的直接影响很小,只有 0.1 个百分点,即美国下降 1 个百分点法国只受 0.1 个百分点的影响,但是考虑间接影响,法国会受到全球金融市场波动、信心、欧元等的影响,由此间接受到的美国的影响,几乎可以达到0.37个百分点。所以间接影响是很大的影响,因为间接的影响是不确定的。我们可以计算直接影响,但我们很难计算和模拟间接影响。所以说美国经济的增长又一次会成为全球的一个风险和波动因素。

所以说把所有事情加在一起的话,我认为全球经济2017年整体在低位运行,这是确定的;特朗普的经济政策:减税,加大基础设施投资,贸易保护主义、打贸易仗,这是确定的;特朗普的经济政策如何实施这是不确定的。因为,美国的经济金融走势成为全球最大的不确定性,由此全球金融市场的波动和经济增长的波动会加大,我觉得这是确定的;但是它怎么加大,什么时候波动,波动怎么产生的,这是不知道的,所以说这又是不确定的。世界如此的美妙,永远在确定和不确定之间给各位创造无数的机遇,我希望在座的各位都是2017年的赢者,谢谢大家。

未来三分之二机会在新兴市场

全球新兴市场股权投资基金协会主席　罗伯特·范·茨威顿

大家好,非常高兴有机会在全球PE北京论坛上与中国的投资者进行分享。我们是专注于新兴市场私募投资的全球行业协会,是独立的非营利组织,在全球会员超过了300家,包括了基金经理、行业顾问及机构投资者,这些会员在全球100多个国家都有业务,管理的资产超过了一万亿美元,这是非常令人震惊的数字。我们对所有的会员提供数据等方面的服务,通过向会员提供这些服务,帮助他们更好地获取信息,并且提供经验分享和法律指引。这是我们的核心业务。那么新兴市场私募投资趋势如何?中国市场趋势又如何,我想从国际投资人的角度来做一些解读。

2016年第一到第三季度,融资额下跌了,其实从2014—2015年就下降了,不过同比下降的幅度较大,这使新兴市场面临更大的问题,同时包括像货币贬值等问题,包括中国在内的新兴市场都出现了央行要致力于对抗货币贬值的一系列问题。尽管目前的经济有所放缓,但从长期来看的话,新兴市场的私募行业在过去十年得到比较充分的发展。私募是非常新兴的行业,发展的历史不超过50年,迄今为止有着非常可观的成绩。随着新兴市场的发展,投资者有了更多的选择,2012年以来,新兴市场的增长型产品很多,现在更是出现了服务公共基础设施的一些产品,所以说,尽管有所下跌,但我们投资者现在有了更多的选择余地。

从长期来看,新兴市场在未来将会继续有持续高速地增长。目前,印度的GDP增长达到8%左右,中国在6.5%左右,整个新兴市场区域的国家基本上年增长率平均都在4%左右,而欧元区和美国基本上都是在2%以下,发达经济体在未来几年当中的GDP增长率会低于2%,特朗普上台之后美国的经济预计达到了3%—4%左右。新兴市场尤其是新兴市场城市的经济已经占全球经济很大的份额,这一现状其实并没有获得大家足够的关注。2015年新兴市场在全球GDP的占有率达到了60%左右,全球2/3的人口都是新兴市场的人口,那这些新兴的城市在这个高增长当中贡献了非常大的份额。长远来看,新兴市场国家的城镇化会带来经济的进一步增长。

我们必须看到,如果忽略新兴市场而专注于在发达市场投资将会错失非常好的机会,因为这将是错失全球2/3人口市场的机会。我们看到新兴市场私募投资的募资额和投资额在全球占到的比重还是很小的,募资额在10%左右,在2016年达到8%,而投资额在6%,2/3的人口市场实际上只带来了私募融资额和投资额的8%,这是我们目前亟须解决的一个问题。我们从不同的视角看一下这个问题。同发达市场相比,新兴市场是开发不足的。各国PE投资占GDP比重的情况是,英国、美国很高,以色列排第三,而中国有一个很大的市场,PE的穿透力还是可以的,但事实上未来还有很多增长潜力和空间,这是中国目前的情况。

再看看消费,2010年的时候新兴市场的消费大概在26万亿,2015年新兴市场的消费大概是34万亿左右,超过了全球40万亿消费的一半,全球500强从地域分布来看的话,这些公司的分布情况已经开始从发达市场转移到了新兴市场和新兴经济体了,这是一个全球经济重心向新兴市场转移的趋势。除此以外,很多新兴市场公司的成功是有这个机遇可循的,发达市场可能有技术人才方面的优势,他们与资本的连接更便捷,除了获得融资的便利之外还有很多优势,这也是投资基金经理能够创造更多附加值的领域。有很多的LP也看到这一点,很多新兴市场PE回报率是由投资运营的提高来达到的。当然目前很多的货币和政治的风险让LP对新兴市场有一些担忧,这可能在未来的两年当中会影响LP在新兴市场的投资。我们对100个机构投资者做了调查,尽管他们认为未来有一些不确定性,但是他们的投资意愿没有遭到太大的影响,但是,如果政治和货币风险可能会进一步的上升,这种影响就会加大。投资机构除了关注政治风险和货币风险外,他们也会关注环境问题,包括了税收监管等。还有,美国的大选结果已经改变了很多人的观念,对于PE来说,首先LP开始认识到美国大选和英国脱欧之后所有的这些政治风险和货币风险都是不可预期的。

就目前来看,以前说投资新兴市场比发达市场更有风险,这个说法不成立了,这种风险随处都有,而且不可预计,这就要求我们在风控和投资方面有更精准的眼光,我们看到现在投资者在新兴市场开始做更多的资产配置以对冲可能在发达市场的这些风险。现在大家都很关注下一次美联储升息的预期,但是事实上这已经不是那么新鲜了,美联储非常急切地想让利率回归正常化,有很多经济动力和政治意愿来做这件事情。所以说我们预计2017年可能会有升息,就是说我们开始把对货币政策的依赖程度调整到了对财政政策的关注,会期待一个更好的就业率或者是更多的税务减免,期待有更多的财政政策或者是财政工具得到使用,这对于行业来讲有很大的影响。

再看美元，美元不管是对日元，还是对人民币，还是其他所有货币，美元都在升值，对于中国政府来讲，这是很大的问题，尤其是对于外汇局和中国央行，资本外流和资本管制之间的矛盾可能更为尖锐了，而最后人民币国际化的问题可能也由此面临很多的不确定性。还有中国的利率体系可能也会遭到挑战。对于中国政府来讲，有很多要解决的问题。从国际上来讲，中国政府一方面想要通过市场来促进经济的发展，而另一方面他们又希望能够避免不利的因素而加强对市场的控制，这当然很难平衡，真是需要非常精准或者是精妙的政策设计才可以达到这一点。

国际 LP 还对一些行业有着特别的兴趣，2015 年对保健方面有很高的期望，这个在过去三年当中一直都是如此，包括像消费品、服务业也是这样，私募投资会更多地集中在服务行业。现在私募资金有了更好的进入市场的渠道，尤其是投资高新产业，高新领域已经是一个很好的介入点。

对中国经济放缓的说法我总有一些不以为然，因为我不认为这是事实，1995 年中国的 GDP 还不到 1 万亿美元规模，而 2015 年是 11 万亿。尽管大家认为中国经济增长率 6%—6.5% 已经放缓了，但是中国每一年的增长率都达到了 1995 年时中国的经济总量，这是非常惊人的。中国未来出现经济放缓，但是增长的持续性是不会减少的。目前中国工业分布在出现变化，制造业正在萎缩，但是服务业占 GDP 的比重在不断上升，这是经济自我调整的过程，在历史上很多国家都出现过这样的情况，也代表了中国经济增长率的分布出现了变化。

有很多数据显示，中国的融资做得还不错，在 2016 年第一到第三季度 PE 的融资额都在增加，但是投资方面表现得并不是那么好，2016 年前三季度和 2015 年相比下跌了一半，原因有可能取决于竞争的不断加剧以及人民币贬值。但是，风险资本的弹性和韧性还是很强的，风险投资案例自 2008 年以来出现了上升，稳步地上升，但是在 2016 年当中稍微有一些放缓。关于在 PE 市场投资前的高估值，有可能取决于战略投资者的出现,同时也因为竞争的不断加剧以及资本管制的收紧,第一到第三季度当中一些大的交易都是由非 GP 主导的。GP 依然是一个核心力量,但是,总体完成的交易的数量减少了。

所以,数据显示,中国私募投资的发展已经超过了其他的市场,也许大家还没有完全意识到这一点,中国是比较有吸引力的,尤其是以国际 LP 的眼光来看是比较有吸引力的。根据对机构投资者的调查,大家都一致认为,相对于其他市场,中国作为一个新兴市场的代表是非常吸引人的,从全球的机构投资者来看,他们比较青睐中国市场。巴西以前曾经非常受青睐,但是现在中国取代了巴西的地位。国际 LP 把各个不同市场的回报做了一个对比,尽管整体来说有所下降,但是目前在中国 PE 的回报还是非常可观的,大概是 16% 左右。

2016 年整个新兴市场 PE 资本的规模不断壮大,虽然和发达国家市场相比还有比较大的差距,但是新兴市场会进一步成为一个增长强劲的市场,能够更好地与国际进行接轨,同时 PE 也是进入中国市场比较好的方式,尤其是以消费相关的 PE 基金表现得非常活跃。当然,同时在估值方面面临着各个国家之间的竞争压力,包括来自像欧盟、美国的基金的压力。还有一个值得关注的问题,比如人民币汇率兑换,可能会影响一部分国际 PE 进入中国,尽管这样,中国还是非常受青睐的市场。

2016 年私募股权投资行业整体情况及行业未来趋势

北极光创投创始人、董事总经理　邓锋

2016 年,很多行业峰会上都在说资本寒冬,但实际上,到年底盘点时发现,这个冬天并不是很冷。从融资、投资、退出这几个点来看,股权投资行业到底在 2016 年有怎样的表现?

在融资方面,2016年前11个月的融资规模已经超过2015年,虽然融资的新基金的个数少了,但是整体的融资额大了,主要增长来自人民币基金,其中有很多是政府主导的大规模的人民币基金。而美元基金其实并没有太大变化,基本上比较平衡。

这同五年前、十年前人民币基金跟美元基金的对比完全反过来了。2007年左右基本上中国的风险投资都是美元基金主导,而今天人民币基金跟美元基金的比例大概是6:1,还有很多天使投资,因为没有办法统计,还没有包括在内,如果包括的话,这个比例就更大。

今天大量人民币资本的涌现也是可以理解的,因为现在很多钱可能没有其他投资渠道,比如房地产、海外投资都比较难,所以大家会认为,目前投资人(包括机构和个人)选择好的公司做股权投资,特别是做一个相对来说比较长期的股权投资,可能是未来5—10年中国最好的投资机会,这是我们跟一些LP(不管是个人还是机构)交流后大家的共识。

在投资方面,并没有像融资增加那么多。很多人说资本冬天,说冷,就是因为看到这一点,特别是在一些互联网行业,好像过去投了很多,今年投的极少,其实是冷热非常不均。在移动互联网行业,比如O2O,消费互联网领域,确实2016年投资金额、投资案例数相比2015年在迅速下降,估值也降了很多。但在其他方面,比如医疗健康、生物科学等领域,投资并没有减少,反而在增加,对于科技类、人工智能等的投资成为新的热点。

总的来说,投资的案例数虽然减少了一点(未到年底可能还不好说),我认为,12月的数据可能还是会减少一点,但是从总的投资规模来说,其实是比去年要大,单个案子的投资金额也大,像一些消费互联网公司的融资规模,确实是比2015年多,比如摩拜单车的投资。也不能讲现在资本市场很冷,其实是过去过热的理性回归。

从退出角度来看,2016年比2011年增加了很多,IPO的比例在减少,因为在2011

年并购还没有起来,现在并购、股权转让退出的比例在增加。未来的发展趋势,IPO加并购还是主要的退出渠道。但是从退出格局看,还是比较健康的。

盘点2016年,大家可能觉得,有一些地方如消费互联网等比较冷,但是也有很多行业不冷,比如企业服务的B2B,年初时AR/VR有过热,包括一些2B类的项目,大家可能认为跟2C一样,觉得会有很快速的成长,其实到年底,大家慢慢开始觉得,不像原来想的那样。投了一年之后、两年之后,大家开始反思,觉得2B行业跟2C不一样。从某种程度上来说,现在是开始把那些泡沫往外赶。

怎样看2017年的投资?短期来看,资本还是有,包括一些地方政府、银行、保险基金的介入,我们感觉,整个行业的融资量还会继续走高,人民币基金肯定会更强盛,与美元基金的比例会继续增大。在投资方面,还会保持活跃,特别是科技类的投资。退出市场,从年底的一些情况来看会进一步好转。

我们也提一些建议,把中国现在的好公司尽快在资本市场上市,其实对降低资本市场的一些过高的PE,对好公司的退出,对把整个资本市场带入正向健康的循环是很好的。

证监会可能开始注意到这一点,最近上市速度有一些加快,海外上市也有加快的趋势,所以我们估计,2017年退出市场在IPO这一块应该是比2016年要好,从上市公司的数量来说,现在排队速度也在加快;另外并购市场也会跟2016年差不多,甚至可能会更好。

投资很难说,大家可能会问,2017年的风口在哪儿?其实行业的人,慢慢也不太关注风口了,特别是像我们一样做早期投资的,不太关注风口,风口到的是退出时间,其实会希望在风口来之前就把布局做好,而不能看风口来了再投资。我们怎么投,就是要看方向。不是看一年的趋势也不是看两三年的趋势,而是要看中国经济或者是能够带动股权投资在未来五年、十年、二十年可以发展的几大驱动力。

第一,消费升级。很好的例子是,高铁刚建成时,大家说高铁价格这么高,不会有人坐,两年以后我们发现,二等座都买不到了,但也并没有减少航空的数量,国内、国际航线都在不断增加,中美航线比如今年北京到旧金山的航线增加就很多,中国航空公司的增长超越了美国航空公司。

整个大的消费升级方面,大家可能注意到,比如马拉松、自由搏击、冰雪运动等体育文化类项目的投资都在增加,电影票房这几年都很好,小剧场、网剧、二次元相关的很多新内容,相关行业变成了投资热点。大家对品牌的认知度在提高,从过去的只买最低价,现在开始注意到不同的品牌对应不同的人群,海外代购、海外旅游在不断增加,这些都是消费大升级,也会带来未来很多新的消费品或是消费服务领域的机会。

第二,互联网+,即各行业与互联网的结合。新经济对旧经济的改造,我们看到,最早像互联网跟零售行业结合,就变成电子商务,其实这两年发展很快的不仅包括电子商务,还有线上教育。过去以线下教育为主,但最近两年大家注意到,各种线上教育(英语培训、课外辅导、职业培训等)发展的收入,作为一个行业收入成长非常迅速。互联网金融或者是科技金融在过去发展很快,解决了很多低效,特别是跨境金融非常低效的问题。

还有互联网跟企业服务的结合。大家可能知道,中小企业很难把 IT 做到很好,由于有了智能手机,有了移动互联网,企业信息化就发展得很快。还有很多方面,互联网在深入地对传统行业进行整合改造,都可能是未来若干年大的趋势,甚至包括农业等过去风险投资关注度比较低的行业,现在都在融合发展。

第三,科技创新。除了经济转型、市场拉动的科技创新,科技本身在过去5—10年也发生了很大变化。最大的创新,是引力波的发现,这些都是典型的事件。从宇宙学到蛋白质的晶体结构,都发生了很大变化,最有代表性的就是以物联网、大数据、人工智能为代表的IT革命。其实,从现在开始,又迎来了新一轮IT革命,从云计算的基础架构,到一些计算的硬件、传感器,到操作系统和企业应用软件,方方面面都在发生巨大的变化,有很多投资的机会。还有基因组学、蛋白组学、医疗器械的革命,带来比如精准医疗等医疗健康、生命科学领域大的机会,这个机会是会比 BAT 还大的风险投资的机会,而且这个机会也是一个长期的,是未来 10 年甚至 20 年的机会。

我们感觉到,在中国未来的这三大驱动力,消费升级、互联网+和科技创新,会在未来 5 年影响到方方面面,包括 TMT、互联网、通讯、半导体、医疗服务、生物制药、医疗设备、环保能源、新材料、先进制造等领域都会出现改变。

如果看长期的话,未来中国的 VC/PE,虽然可能 IRR 回报由于竞争越来越激烈而受到挤压,但是相对于其他的投资手段,还是会长期看好。

第四部分

政策汇编
(2016年12月)

国务院关于促进创业投资 持续健康发展的若干意见

（国发〔2016〕53号）

各省、自治区、直辖市人民政府，国务院各部委、各直属机构：

创业投资是实现技术、资本、人才、管理等创新要素与创业企业有效结合的投融资方式，是推动大众创业、万众创新的重要资本力量，是促进科技创新成果转化的助推器，是落实新发展理念、实施创新驱动发展战略、推进供给侧结构性改革、培育发展新动能和稳增长、扩就业的重要举措。近年来，我国创业投资快速发展，不仅拓宽了创业企业投融资渠道、促进了经济结构调整和产业转型升级，增强了经济发展新动能，也提高了直接融资比重、拉动了民间投资服务实体经济，激发了创业创新、促进了就业增长。但同时也面临着法律法规和政策环境不完善、监管体制和行业信用体系建设滞后等问题，存在一些投资"泡沫化"现象以及非法集资风险隐患。按照党中央、国务院的决策部署，为进一步促进创业投资持续健康发展，现提出以下意见。

一、总体要求

创业投资是指向处于创建或重建过程中的未上市成长性创业企业进行股权投资，以期所投资创业企业发育成熟或相对成熟后，主要通过股权转让获取资本增值收益的投资方式。天使投资是指除被投资企业职员及其家庭成员和直系亲属以外的个人以其自有资金直接开展的创业投资活动。发展包括天使投资在内的各类创业投资，应坚持以下总体要求：

（一）指导思想

牢固树立和贯彻落实创新、协调、绿色、开放、共享的发展理念，着力推进供给侧结构性改革，深入实施创新驱动发展战略，大力推进大众创业万众创新，使市场在资源配置中起决定性作用和更好发挥政府作用，进一步深化简政放权、放管结合、优化服务改革,不断完善体制机制,健全政策措施,加强统筹协调和事中事后监管,构建促进创业投资发展的制度环境、市场环境和生态环境,加快形成有利于创业投资发展的良好氛围和"创业、创新+创投"的协同互动发展格局,进一步扩大创业投资规模,促进创业投资做大做强做优,培育一批具有国际影响力和竞争力的中国创业投资品牌,推动我国创业投资行业跻身世界先进行列。

(二)基本原则

一是坚持服务实体。创业投资是改善投资结构、增加有效投资的重要手段。要进一步深化简政放权、放管结合、优化服务改革,创新监管方式,既要重视发挥大企业的骨干作用,也要通过创业投资激发广大中小企业的创造力和活力。以支持实体经济发展、助力创业企业发展为本,引导创业投资企业和创业投资管理企业秉承价值投资理念,鼓励长期投资和价值投资,防范和化解投资估值"泡沫化"可能引发的市场风险,积极应对新动能成长过程中对传统产业和行业可能造成的冲击,妥善处理好各种矛盾,加大对实体经济支持的力度,增强可持续性,构建"实体创投"投资环境。

二是坚持专业运作。以市场为导向,充分调动民间投资和市场主体的积极性,发挥市场规则作用,激发民间创新模式,防止同质化竞争。鼓励创业投资企业和创业投资管理企业从自身独特优势出发,强化专业化投资理念和投资策略,深化内部体制机制创新,加强对投资项目的投后管理和增值服务,不断提高创业投资行业专业化运作和管理水平,夯实"专业创投"运行基础。

三是坚持信用为本。以诚信为兴业之本、发展之基,加强创业投资行业信用体系建设,建立和完善守信联合激励和失信联合惩戒制度,促进创业投资企业和创业投资管理企业诚信守法,忠实履行对投资者的诚信义务,创建"信用创投"发展环境。

四是坚持社会责任。围绕推进创新型国家建设、支持大众创业万众创新、促进经济结构调整和产业转型升级的使命和社会责任,推动创业投资行业严格按照国家有关法律法规和相关产业政策开展投资运营活动,按照市场化、法治化原则,促进创业投资良性竞争和绿色发展,共同维护良好市场秩序,树立"责任创投"价值理念。

二、培育多元创业投资主体

(三)加快培育形成各具特色、充满活力的创业投资机构体系。鼓励各类机构投资者和个人依法设立公司型、合伙型创业投资企业。鼓励行业骨干企业、创业孵化器、产业(技术)创新中心、创业服务中心、保险资产管理机构等创业创新资源丰富的相关机构参与创业投资。鼓励具有资本实力和管理经验的个人通过依法设立一人公司从事创业投资活动。鼓励和规范发展市场化运作、专业化管理的创业投资母基金。(国家发展改革委、科技部、工业和信息化部、人力资源社会保障部、商务部、国务院国资委、工商总局、银监会、证监会、保监会按职责分工负责)

(四)积极鼓励包括天使投资人在内的各类个人从事创业投资活动。鼓励成立公益性天使投资人联盟等各类平台组织,培育和壮大天使投资人群体,促进天使投资人与创业企业及创业投资企业的信息交流与合作,营造良好的天使投资氛围,推动天使投资事业发展。规范发展互联网股权融资平台,为各类个人直接投资创业企业提供信息和技术服务。(国家发展改革委、科技部、证监会按职责分工负责)

三、多渠道拓宽创业投资资金来源

(五)大力培育和发展合格投资者。在风险可控、安全流动的前提下,支持中央企业、地方国有企业、保险公司、大学基金等各类机构投资者投资创业投资企业和创业投资母基金。鼓励信托公司遵循价值投资和长期投资理念,充分发挥既能进行创业投资又能发放贷款的优势,积极探索新产品、新模式,为创业企业提供综合化、个性化金融和投融资服务。培育合格个人投资者,支持具有风险识别和风险承受能力的个人参与投资创业投资企业。(国家发展改革委、财政部、国务院国资委、银监会、证监会、保监会按职责分工负责)

（六）建立股权债权等联动机制。按照依法合规、风险可控、商业可持续的原则，建立创业投资企业与各类金融机构长期性、市场化合作机制，进一步降低商业保险资金进入创业投资领域的门槛，推动发展投贷联动、投保联动、投债联动等新模式，不断加大对创业投资企业的投融资支持。加强"防火墙"相关制度建设，有效防范道德风险。支持银行业金融机构积极稳妥开展并购贷款业务，提高对创业企业兼并重组的金融服务水平。完善银行业金融机构投贷联动机制，稳妥有序推进投贷联动业务试点，推动投贷联动金融服务模式创新。支持创业投资企业及其股东依法依规发行企业债券和其他债务融资工具融资，增强投资能力。（国家发展改革委、科技部、人民银行、银监会、证监会、保监会按职责分工负责）

四、加强政府引导和政策扶持

（七）完善创业投资税收政策。按照税收中性、税收公平原则和税制改革方向与要求，统筹研究鼓励创业投资企业和天使投资人投资种子期、初创期等科技型企业的税收支持政策，进一步完善创业投资企业投资抵扣税收优惠政策，研究开展天使投资人个人所得税政策试点工作。（国家发展改革委、科技部、财政部、商务部、税务总局、证监会按职责分工负责）

（八）建立创业投资与政府项目对接机制。在全面创新改革试验区域、双创示范基地、国家高新区、国家自主创新示范区、产业（技术）创新中心、科技企业孵化器、众创空间等，开放项目（企业）资源，充分利用政府项目资源优势，搭建创业投资与企业信息共享平台，打通创业资本和项目之间的通道，引导创业投资企业投资于国家科技计划（专项、基金等）形成科技成果的转化。挖掘农业领域创业投资潜力，依托农村产业融合发展园区、农业产业化示范基地、农民工返乡创业园等，通过发展第二、三产业，改造提升第一产业。有关方面要配合做好项目对接和服务。（国家发展改革委、科技部、工业和信息化部、农业部、商务部按职责分工负责）

（九）研究鼓励长期投资的政策措施。倡导长期投资和价值投资理念,研究对专注于长期投资和价值投资的创业投资企业在企业债券发行、引导基金扶持、政府项目对接、市场化退出等方面给予必要的政策支持。研究建立所投资企业上市解禁期与上市前投资期限长短反向挂钩的制度安排。（国家发展改革委、科技部、财政部、人民银行、证监会按职责分工负责）

（十）发挥政府资金的引导作用。充分发挥政府设立的创业投资引导基金作用,加强规范管理,加大力度培育新的经济增长点,促进就业增长。充分发挥国家新兴产业创业投资引导基金、国家中小企业发展基金、国家科技成果转化引导基金等已设立基金的作用。对于已设立基金未覆盖且需要政府引导支持的领域,鼓励有条件的地方按照"政府引导、市场化运作"原则推动设立创业投资引导基金,发挥财政资金的引导和聚集放大作用,引导民间投资等社会资本投入。进一步提高创业投资引导基金市场化运作效率,促进政策目标实现,维护出资人权益。鼓励创业投资引导基金注资市场化母基金,由专业化创业投资管理机构受托管理引导基金。综合运用参股基金、联合投资、融资担保、政府出资适当让利于社会出资等多种方式,进一步发挥政府资金在引导民间投资、扩大直接融资、弥补市场失灵等方面的作用。建立并完善创业投资引导基金中政府出资的绩效评价制度。（国家发展改革委、科技部、工业和信息化部、财政部按职责分工负责）

五、完善创业投资相关法律法规

（十一）构建符合创业投资行业特点的法制环境。进一步完善促进创业投资发展相关法律法规,研究推动相关立法工作,推动完善公司法和合伙企业法。完善创业投资相关管理制度,推动私募投资基金管理暂行条例尽快出台,对创业投资企业和创业投资管理企业实行差异化监管和行业自律。完善外商投资创业投资企业管理制度。（国家发展改革委、商务部、证监会按职责分工负责）

（十二）落实和完善国有创业投资管理制度。鼓励国有企业集众智，开拓广阔市场空间，增强国有企业竞争力。支持有需求、有条件的国有企业依法依规、按照市场化方式设立或参股创业投资企业和创业投资母基金。强化国有创业投资企业对种子期、初创期等创业企业的支持，鼓励国有创业投资企业追求长期投资收益。健全符合创业投资行业特点和发展规律的国有创业投资管理体制，完善国有创业投资企业的监督考核、激励约束机制和股权转让方式，形成鼓励创业、宽容失败的国有创业投资生态环境。支持具备条件的国有创业投资企业开展混合所有制改革试点，探索国有创业投资企业和创业投资管理企业核心团队持股和跟投。探索地方政府融资平台公司转型升级为创业投资企业。依法依规豁免国有创业投资企业和国有创业投资引导基金国有股转持义务。（国家发展改革委、财政部、国务院国资委、证监会按职责分工负责）

六、进一步完善创业投资退出机制

（十三）拓宽创业投资市场化退出渠道。充分发挥主板、创业板、全国中小企业股份转让系统以及区域性股权市场功能，畅通创业投资市场化退出渠道。完善全国中小企业股份转让系统交易机制，改善市场流动性。支持机构间私募产品报价与服务系统、证券公司柜台市场开展直接融资业务。鼓励创业投资以并购重组等方式实现市场化退出，规范发展专业化并购基金。（证监会牵头负责）

七、优化创业投资市场环境

（十四）优化监管环境。实施更多的普惠性支持政策措施，营造公平竞争的发展环境，深化简政放权、放管结合、优化服务改革，搞好服务，激发活力。坚持适度监管、差异监管和统一功能监管，创新监管方式，有效防范系统性区域性风险。对创业投资企业在行业管理、备案登记等方面采取与其他私募基金区别对待的差异化监管政策，建立适应创业投资行业特点的宽市场准入、重事中事后监管的适度而有效的监管体制。加强信息披露和风险揭示,引导创业投资企业建立以实体投资、价值投资和长期投资为导向的合理的投资估值机制。对不进行实业投资、从事上市公司股票交易、助推投资泡沫及其他扰乱市场秩序的创业投资企业建立清查清退制度。建立行业规范,强化创业投资企业内控机制、合规管理和风险管理机制。加强投资者保护,特别是要进一步完善产权保护制度,依法保护产权和投资者合法经营、合法权益和合法财产。加强投资者教育,相关投资者应为具有风险识别和风险承受能力的合格投资者。建立并完善募集资金的托管制度,规范创业投资企业募集资金行为,打击违法违规募集资金行为。健全对创业投资企业募集资金、投资运作等与保护投资者权益相关的制度规范,加强日常监管。(国家发展改革委、科技部、国务院国资委、证监会按职责分工负责)

(十五)优化商事环境。各地区、各部门不得自行出台限制创业投资企业和创业投资管理企业市场准入和发展的有关政策。建立创业投资行业发展备案和监管备案互联互通机制,为创业投资企业备案提供便利,放宽创业投资企业的市场准入。持续深化商事制度改革,提高工商登记注册便利化水平。促进创业投资行业加强品牌建设。(国家发展改革委、工商总局、证监会会同各有关部门按职责分工负责)

(十六)优化信用环境。有关部门、行业组织和社会征信机构要进一步建立健全创业投资企业、创业投资管理企业及其从业人员信用记录,实现创业投资领域信用记录全覆盖。推动创业投资领域信用信息纳入全国信用信息共享平台,并与企业信用信息公示系统实现互联互通。依法依规在"信用中国"网站和企业信用信息公示系统公示相关信息。加快建立创业投资领域严重失信黑名单制度,鼓励有关社会组织探索建立守信红名单制度,依托全国信用信息共享平台,按照有关法律法规和政策规定实施守信联合激励和失信联合惩戒。建立健全创业投资行业信用服务机制,推广使用信用产品。(国家发展改革委、商务部、人民银行、工商总局、证监会按职责分工负责)

(十七)严格保护知识产权。完善知识产权保护相关法律法规和制度规定,加强对创业创新早期知识产权保护,在市场竞争中培育更多自主品牌,健全知识产权侵权查处机制,依法惩治侵犯知识产权的违法犯罪行为,将企业行政处罚、黑名单等信息纳入全国信用信息共享平台,对严重侵犯知识产权的责任主体实施联合惩戒,并通过"信用中国"网站、企业信用信息公示系统等进行公示,创造鼓励创业投资的良好知识产权保护环境。(国家发展改革委、人民银行、工商总局、知识产权局、证监会等按职责分工负责)

八、推动创业投资行业双向开放

(十八)有序扩大创业投资对外开放。发展创业投资要坚持走开放式发展道路,通过吸引境外投资,引进国际先进经验、技术和管理模式,提升我国创业投资企业的国际竞争力。按照对内外资一视同仁的原则,放宽外商投资准入,简化管理流程,鼓励外资扩大创业投资规模,加大对种子期、初创期创业企业支持力度。鼓励和支持境内外投资者在跨境创业投资及相关的投资贸易活动中使用人民币。允许外资创业投资企业按照实际投资规模将外汇资本金结汇所得的人民币划入被投资企业。(国家发展改革委、商务部、人民银行、国家外汇局按职责分工负责)

(十九)鼓励境内有实力的创业投资企业积极稳妥"走出去"。完善境外投资相关管理制度,引导和鼓励创业投资企业加大对境外及港、澳、台地区高端研发项目的投资,积极分享高端技术成果。(国家发展改革委、商务部、人民银行、国家外汇局按职责分工负责)

九、完善创业投资行业自律和服务体系

(二十)加强行业自律。加快推进依法设立全国性创业投资行业协会,鼓励具备条件的地区成立创业投资协会组织,搭建行业协会交流服务平台。充分发挥行业协会在行业自律管理和政府与市场沟通中的积极作用,加强行业协会在政策对接、会员服务、信息咨询、数据统计、行业发展报告、人才培养、国际交流合作等方面的能力建设,支持行业协会推动创业投资行业信用体系建设和社会责任建设,维护有利于行业持续健康发展的良好市场秩序。(国家发展改革委、科技部、民政部、证监会按职责分工负责)

(二十一)健全创业投资服务体系。加强与创业投资相关的会计、征信、信息、托管、法律、咨询、教育培训等各类中介服务体系建设。支持创业投资协会组织通过高等学校、科研院所、群团组织、创业投资企业、创业投资管理企业、天使投资人等多种渠道,以多种方式加强创业投资专业人才培养,加大教育培训力度,吸引更多的优秀人才从事创业投资,提高创业投资的精准度。(国家发展改革委、科技部、证监会按职责分工负责)

十、加强各方统筹协调

(二十二)加强政策顶层设计和统筹协调。国家发展改革委要会同有关部门加强促进创业投资发展的政策协调,建立部门之间、部门与地方之间政策协调联动机制,加强创业投资行业发展政策和监管政策的协同配合,增强政策针对性、连续性、协同性。建立相关政府部门促进创业投资行业发展的信息共享机制。(国家发展改革委、证监会会同有关部门按职责分工负责)

各地区、各部门要把促进创业投资持续健康发展作为深入实施创新驱动发展战略、推动大众创业万众创新、促进经济结构调整和产业转型升级的一项重要举措,按照职责分工抓紧制定相关配套措施,加强沟通协调,形成工作合力,确保各项政策及时落实到位,积极发展新经济、培育新动能、改造提升传统动能,推动中国经济保持中高速增长、迈向中高端水平。

国务院
2016 年 9 月 16 日

国务院办公厅关于加快众创空间发展 服务实体经济转型升级的指导意见

(国办发〔2016〕7号)

各省、自治区、直辖市人民政府,国务院各部委、各直属机构:

推进大众创业万众创新是增强发展新动能、促进社会就业、提高发展质量效益的重要途径,是实施创新驱动发展战略的重要支撑,国务院陆续出台了一系列重要支持政策和举措,为经济平稳较快发展发挥了关键作用。当前,全国各地涌现出一批有亮点、有潜力、有特色的众创空间,已经成为大众创业万众创新的重要阵地和创新创业者的聚集地,呈现蓬勃发展的良好势头。为充分发挥各类创新主体的积极性和创造性,发挥科技创新的引领和驱动作用,紧密对接实体经济,有效支撑我国经济结构调整和产业转型升级,需要继续推动众创空间向纵深发展,在制造业、现代服务业等重点产业领域强化企业、科研机构和高校的协同创新,加快建设一批众创空间。经国务院同意,现就加快众创空间发展提出以下意见。

一、总体要求和基本原则

(一)总体要求

促进众创空间专业化发展,为实施创新驱动发展战略、推进大众创业万众创新提供低成本、全方位、专业化服务,更大释放全社会创新创业活力,加快科技成果向现实生产力转化,增强实体经济发展新动能。通过龙头企业、中小微企业、科研院所、高校、创客等多方协同,打造产学研用紧密结合的众创空间,吸引更多科技人员投身科技型创新创业,促进人才、技术、资本等各类创新要素的高效配置和有效集成,推进产业链创新链深度融合,不断提升服务创新创业的能力和水平。

一是配套支持全程化。通过为创新创业者提供工业设计、检验检测、模型加工、知识产权、专利标准、中试生产、产品推广等研发、制造、销售相关服务,实现产业链资源开放共享和高效配置。

二是创新服务个性化。通过整合专业领域的技术、设备、信息、资本、市场、人力等资源,为创新创业者提供更高端、更具专业特色和定制化的增值服务。

三是创业辅导专业化。通过凝聚一批熟悉产业领域的创业导师和培训机构,开展创业培训,举办各类创业活动,为创新创业者提供更加适合产业特点的创业辅导服务,提高创新创业者的专业素质和能力,培养更多适应经济转型升级的创新人才。

(二)基本原则

一是坚持发挥市场配置资源的决定性作用。要充分利用互联网等新一代信息技术,向创业者开放创新资源,降低创新创业成本,加强创新链与产业链、资金链的对接,让市场对科技成果做出评价。

二是坚持科技创新的引领作用。要以科技成果转移转化为重点,扩大"双创"的源头供给,推动科技型创新创业,使科技人员成为创新创业的主力军。

三是坚持服务和支撑实体经济发展。要与"互联网+"行动计划、"中国制造2025"、大数据发展行动等相结合,促进龙头骨干企业在研发、生产、营销、服务、管理等方面改革创新,加快发展"制造+服务"的智能工厂模式,培育更多富有活力的中小微企业,为经济发展注入新技术、新装备、新模式,培育新业态,催生新产业。

二、重点任务

(三)在重点产业领域发展众创空间。重点在电子信息、生物技术、现代农业、高端装备制造、新能源、新材料、节能环保、医药卫生、文化创意和现代服务业等产业领域先行先试,针对产业需求和行业共性技术难点,在细分领域建设众创空间。

(四)鼓励龙头骨干企业围绕主营业务方向建设众创空间。按照市场机制与其他创业主体协同聚集,优化配置技术、装备、资本、市场等创新资源,实现与中小微企业、高校、科研院所和各类创客群体有机结合,有效发挥引领带动作用,形成以龙头骨干企业为核心、高校院所积极参与、辐射带动中小微企业成长发展的产业创新生态群落。

(五)鼓励科研院所、高校围绕优势专业领域建设众创空间。发挥科研设施、专业团队、技术积累等优势,充分利用大学科技园、工程(技术)研究中心、重点实验室、工程实验室等创新载体,建设以科技人员为核心、以成果转移转化为主要内容的众创空间,通过聚集高端创新资源,增加源头技术创新有效供给,为科技型创新创业提供专业化服务。

(六)建设一批国家级创新平台和双创基地。依托国家自主创新示范区、国家高新技术产业开发区等试点建设一批国家级创新平台,推动各地发展各具特色的双创基地。国家高新技术产业开发区、国家级经济技术开发区、国家现代农业示范区、农业科技园区等要结合国家战略布局和当地产业发展实际,发挥重点区域创新创业要素集聚优势,打造一批具有当地特色的众创空间,与科技企业孵化器、加速器及产业园等共同形成创新创业生态体系。

(七)加强众创空间的国际合作。鼓励龙头骨干企业、高校、科研院所与国外先进创业孵化机构开展对接合作,共同建立高水平的众创空间,鼓励龙头骨干企业与国外创业孵化机构合作建立投资基金。支持众创空间引进国际先进的创业孵化理念,吸纳、整合和利用国外技术、资本和市场等资源,提升众创空间发展的国际化水平。大力吸引和支持港澳台科技人员以及海归人才、外国人才到众创空间创新创业,在居住、工作许可、居留等方面提供便利条件。

三、加大政策支持力度

充分利用现有创新政策工具,挖掘已有政策潜力,加大政策落实力度,形成支持众创空间发展的政策体系。

（八）实行奖励和补助政策。有条件的地方要综合运用无偿资助、业务奖励等方式，对众创空间的办公用房、用水、用能、网络等软硬件设施给予补助。支持国家科技基础条件平台为符合条件的众创空间提供服务。符合条件的众创空间可以申报承担国家科技计划项目。发挥财政资金的杠杆作用，采用市场机制引导社会资金和金融资本进入技术创新领域，支持包括中国创新创业大赛优胜项目在内的创新创业项目和团队，推动众创空间发展。

（九）落实促进创新的税收政策。众创空间的研发仪器设备符合相关规定条件的，可按照税收有关规定适用加速折旧政策；进口科研仪器设备符合规定条件的，适用进口税收优惠政策。众创空间发生的研发费用，企业和高校院所委托众创空间开展研发活动以及小微企业受委托或自身开展研发活动发生的研发费用，符合规定条件的可适用研发费用税前加计扣除政策。研究完善科技企业孵化器税收政策，符合规定条件的众创空间可适用科技企业孵化器税收政策。

（十）引导金融资本支持。引导和鼓励各类天使投资、创业投资等与众创空间相结合，完善投融资模式。鼓励天使投资群体、创业投资基金入驻众创空间和双创基地开展业务。鼓励国家自主创新示范区、国家高新技术产业开发区设立天使投资基金，支持众创空间发展。选择符合条件的银行业金融机构，在试点地区探索为众创空间内企业创新活动提供股权和债权相结合的融资服务，与创业投资、股权投资机构试点投贷联动。支持众创空间内科技创业企业通过资本市场进行融资。

（十一）支持科技人员到众创空间创新创业。高校、科研院所要按照《中华人民共和国促进科技成果转化法》有关规定，落实科技成果使用权、处置权和收益权政策。对本单位科研人员带项目和成果到众创空间创新创业的，经原单位同意，可在3年内保留人事关系，与原单位其他在岗人员同等享有参加职称评聘、岗位等级晋升和社会保障等方面的权利。探索完善众创空间中创新成果收益分配制度。对高校、科研院所的创业项目知识产权申请、转化和运用,按照国家有关政策给予支持。进一步改革科研项目和资金管理使用制度,使之更有利于激发广大科研人员的创造性和转化成果的积极性。

(十二)调动企业参与众创空间建设的积极性。企业建设众创空间的投入符合相关规定条件的,可享受研发费用加计扣除政策。国有企业对众创空间投入较大且符合有关规定的,可以适用有关科技创新考核政策。充分利用淘汰落后产能、处置"僵尸企业"过程中形成的闲置厂房、空余仓库以及生产设施,改造建设众创空间,鼓励企业通过集众智、汇众力等开放式创新,吸纳科技人员创业,创造就业岗位,实现转型发展。

(十三)促进军民技术双向转化。大力推动军民标准通用化,引导民用领域知识产权在国防和军队建设领域运用。军工技术向民用转移中的二次开发费用,符合相关规定条件的可以适用研发费用加计扣除政策。在符合保密规定的前提下,对向众创空间开放共享的专用设备、实验室等军工设施,按照国家统一政策,根据服务绩效探索建立后补助机制,促进军民创新资源融合共享。

四、组织实施

(十四)加强组织领导。各有关部门和各省(区、市)要加强对众创空间建设的宏观指导和工作协调,结合行业和地方发展实际,推进各具特色的众创空间建设和发展。加强对众创空间发展情况的监测、统计和评估。建立统一的政策信息发布平台。各地区各部门对众创空间等平台的扶持情况要上网公示,做到公开透明,避免多头重复支持。

(十五)加强示范引导。鼓励各地、各类主体积极探索支持众创空间发展的新政策、新机制和新模式,不断完善创新创业服务体系,持续提高创新创业服务能力。国家自主创新示范区、国家高新技术产业开发区等创新要素集聚区域的管理部门要率先行动起来,主动做好服务,为众创空间的专业化发展创造条件,开展先行先试,做出引领示范。

(十六)加强分类指导。要根据战略性新兴产业发展和传统产业升级的具体需求,聚焦重点领域和关键环节,采取有针对性的政策措施,实现重点突破,增强示范带动效应。要统筹考虑各地区经济发展、科技资源条件等实际情况,因地制宜推进众创空间在不同区域的建设和发展。

(十七)加强宣传推广。及时总结和交流众创空间建设的做法和经验,对模式新颖、绩效突出的案例进行宣传推广,树立品牌,扩大影响。对众创空间和中国创新创业大赛中涌现出来的优秀创业项目、创业人物加大宣传报道力度,在全社会弘扬创新创业文化,激发创新创业热情。

国务院办公厅
2016年2月14日

国务院办公厅关于建设大众创业万众创新示范基地的实施意见

(国办发〔2016〕35号)

各省、自治区、直辖市人民政府,国务院各部委、各直属机构:

根据2016年《政府工作报告》部署和《国务院关于大力推进大众创业万众创新若干政策措施的意见》(国发〔2015〕32号)等文件精神,为在更大范围、更高层次、更深程度上推进大众创业万众创新,加快发展新经济、培育发展新动能、打造发展新引擎,建设一批双创示范基地、扶持一批双创支撑平台、突破一批阻碍双创发展的政策障碍、形成一批可复制可推广的双创模式和典型经验,重点围绕创业创新重点改革领域开展试点示范,经国务院同意,现提出以下实施意见。

一、总体思路

(一)指导思想

牢固树立并贯彻落实创新、协调、绿色、开放、共享的新发展理念,加快实施创新驱动发展战略,全面落实推动双创的各项政策措施。加强顶层设计和统筹谋划,通过试点示范完善双创政策环境,推动双创政策落地,扶持双创支撑平台,构建双创发展生态,调动双创主体积极性,发挥双创和"互联网+"集众智汇众力的乘数效应,发展新技术、新产品、新业态、新模式,总结双创成功经验并向全国推广,进一步促进社会就业,推动形成双创蓬勃发展的新局面,实现发展动力转换、结构优化,促进经济提质增效升级。

(二)基本原则

——坚持政府引导,加强政策协同。通过试点示范加强各类政策统筹,实现地方与部门政策联动,确保已出台扶持政策具体化、可操作、能落地,切实解决政策落实"最后一公里"问题。结合现有工作基础,更加注重政策前瞻性、引领性,不断完善体制机制,营造有利于双创的政策环境。

——坚持市场主导,搞活双创主体。充分发挥市场配置资源的决定性作用,结合科技、教育和国有企业等改革,放开市场、放活主体,通过环境营造、制度设计、平台搭建等方式,聚焦新兴产业和创新型初创企业,扩大社会就业,培育全社会双创的内生动力。

——坚持问题导向,鼓励先行先试。系统梳理不同领域推动双创的特点和难点,从解决制约双创发展的核心问题入手,明确试点方向,充分调动地方、部门和企业的积极性,大胆探索,勇于尝试,突破制度障碍,切实解决创业者面临的资金、信息、政策、技术、服务等瓶颈问题。

——坚持创新模式,完善双创平台。以构建双创良好生态为目标,系统谋划、统筹考虑,结合各类双创支撑平台的特点,支持建立多种类型的双创示范基地。探索创新平台发展模式,不断丰富平台服务功能,引导社会资源支持双创。

(三)主要目标

力争通过三年时间,围绕打造双创新引擎,统筹产业链、创新链、资金链和政策链,推动双创组织模式和服务模式创新,加强双创文化建设,到2018年底前建设一批高水平的双创示范基地,培育一批具有市场活力的双创支撑平台,突破一批阻碍双创发展的政策障碍,推广一批适应不同区域特点、组织形式和发展阶段的双创模式和典型经验,加快推动创新型企业成长壮大,努力营造鼓励创新、宽容失败的社会氛围,带动高质量的就业,促进新技术、新产品、新业态、新模式发展,为培育发展新动能提供支撑。

二、示范布局

(一)统筹示范类型

强化顶层设计,注重分类指导,充分考虑各类主体特点和区域发展情况,有机衔接现有工作基础,有序推进双创示范基地建设。

依托双创资源集聚的区域、高校和科研院所、创新型企业等不同载体,支持多种形式的双创示范基地建设。引导双创要素投入,有效集成高校、科研院所、企业和金融、知识产权服务以及社会组织等力量,实施一批双创政策措施,支持建设一批双创支撑平台,探索形成不同类型的示范模式。

(二)统筹区域布局

充分考虑东、中、西部和东北地区双创发展情况和特点,结合全面创新改革试验区域、国家综合配套改革试验区、国家自主创新示范区等布局,统筹部署双创示范基地建设,依托各自优势和资源,探索形成各具特色的区域双创形态。

(三) 统筹现有基础

有机衔接各地方、各部门已有工作基础,在双创示范基地遴选、政策扶持、平台建设等方面充分发挥现有机制作用,依托众创空间、小微企业创业基地和城市等各类双创平台和示范区域,各有区别,各有侧重,协同完善双创政策体系。

(四) 统筹有序推进

分批次、分阶段推进实施。首批双创示范基地选择在部分创新资源丰富、体制机制基础好、示范带动能力强的区域和单位先期开展示范布局,建立健全工作机制。在此基础上,逐步完善制度设计,有序扩大示范范围,探索统筹各方资源共同支持建设双创示范基地的新模式。

三、改革举措

积极推进结构性改革尤其是供给侧结构性改革,支持示范基地探索创新、先行先试,在双创发展的若干关键环节和重点领域,率先突破一批瓶颈制约,激发体制活力和内生动力,营造良好的创业创新生态和政策环境,促进新旧动能顺畅转换。

(一) 拓宽市场主体发展空间

持续增强简政放权、放管结合、优化服务改革的累积效应,支持示范基地纵深推进审批制度改革和商事制度改革,先行试验一批重大行政审批改革措施。取消和下放一批行政审批事项,深化网上并联审批和纵横协同监管改革,推行政务服务事项的"一号申请、一窗受理、一网通办"。最大限度减少政府对企业创业创新活动的干预,逐步建立符合创新规律的政府管理制度。

(二) 强化知识产权保护

在示范基地内探索落实商业模式等新形态创新成果的知识产权保护办法,推行知识产权管理规范的国家标准。开展知识产权综合执法,建立知识产权维权援助网点和快速维权通道,加强关键环节、重点领域的知识产权保护。将侵犯知识产权行为情况纳入信用记录,归集到全国信用信息共享平台,构建失信联合惩戒机制。

(三)加速科技成果转化

全面落实《中华人民共和国促进科技成果转化法》,落实完善科研项目资金管理等改革措施,赋予高校和科研院所更大自主权,并督促指导高校和科研院所切实用好。支持示范基地完善新兴产业和现代服务业发展政策,打通科技和经济结合的通道。落实新修订的高新技术企业认定管理办法,充分考虑互联网企业特点,支持互联网企业申请高新技术企业认定并享受相关政策。

(四)加大财税支持力度

加大中央预算内投资、专项建设基金对示范基地支持力度。在示范基地内探索鼓励创业创新的税收支持政策。抓紧制定科技型中小企业认定办法,对高新技术企业和科技型中小企业转化科技成果给予个人的股权奖励,递延至取得股权分红或转让股权时纳税。有限合伙制创业投资企业采取股权投资方式投资于未上市中小高新技术企业满2年的,该有限合伙制创业投资企业的法人合伙人可享受企业所得税优惠。居民企业转让5年以上非独占许可使用权取得的技术转让所得,可享受企业所得税优惠。

(五)促进创业创新人才流动

鼓励示范基地实行更具竞争力的人才吸引制度。加快社会保障制度改革,完善社保关系转移接续办法,建立健全科研人员双向流动机制,落实事业单位专业技术人员离岗创业有关政策,促进科研人员在事业单位和企业间合理流动。开展外国人才永久居留及出入境便利服务试点,建设海外人才离岸创业基地。

(六)加强协同创新和开放共享

加大示范基地内的科研基础设施、大型科研仪器向社会开放力度。鼓励大型互联网企业、行业领军企业通过网络平台向各类创业创新主体开放技术、开发、营销、推广等资源,加强创业创新资源共享与合作,构建开放式创业创新体系。

四、建设任务

以促进创新型初创企业发展为抓手,以构建双创支撑平台为载体,明确示范基地建设目标和建设重点,积极探索改革,推进政策落地,形成一批可复制可推广的双创模式和典型经验。

(一)区域示范基地

建设目标:

结合全面创新改革试验区域、国家综合配套改革试验区、国家自主创新示范区等,以创业创新资源集聚区域为重点和抓手,集聚资本、人才、技术、政策等优势资源,探索形成区域性的创业创新扶持制度体系和经验。

建设重点:

1.推进服务型政府建设。进一步转变政府职能,简政放权、放管结合、优化服务,在完善市场环境、深化审批制度改革和商事制度改革等方面采取切实有效措施,降低创业创新成本。加强创业创新信息资源整合,面向创业者和小微企业需求,建立创业政策集中发布平台,完善专业化、网络化服务体系,增强创业创新信息透明度。

2.完善双创政策措施。加强政府部门的协调联动,多管齐下抓好已出台政策落实,打通政策落地的"最后一公里"。结合区域发展特点,面向经济社会发展需求,加大财税支持力度,强化知识产权保护,在科技成果转化、促进人才流动、加强协同创新和开放共享等方面,探索突破一批制约创业创新的制度瓶颈。

3.扩大创业投资来源。落实鼓励创业投资发展的税收优惠政策,营造创业投资、天使投资发展的良好环境。规范设立和发展政府引导基金,支持创业投资、创新型中小企业发展。丰富双创投资和资本平台,进一步拓宽投融资渠道。

4.构建创业创新生态。加强创业培训、技术服务、信息和中介服务、知识产权交易、国际合作等支撑平台建设,深入实施"互联网+"行动,加快发展物联网、大数据、云计算等平台,促进各类孵化器等创业培育孵化机构转型升级,打通政产学研用协同创新通道。

5.加强双创文化建设。加大双创宣传力度,培育创业创新精神,强化创业创新素质教育,树立创业创新榜样,通过公益讲坛、创业论坛、创业培训等形式多样的活动,努力营造鼓励创新、宽容失败的社会氛围。

(二)高校和科研院所示范基地

建设目标:

以高校和科研院所为载体,深化教育、科技体制改革,完善知识产权和技术创新激励制度,充分挖掘人力和技术资源,把人才优势和科技优势转化为产业优势和经济优势,促进科技成果转化,探索形成中国特色高校和科研院所双创制度体系和经验。

建设重点:

1.完善创业人才培养和流动机制。深化创业创新教育改革,建立创业理论研究平台,完善相关课程设置,实现创业创新教育和培训制度化、体系化。落实高校、科研院所等专业技术人员离岗创业政策,建立健全科研人员双向流动机制。加大吸引海外高水平创业创新人才力度。

2.加速科技成果转化。全面落实改进科研项目资金管理,下放科技成果使用、处置和收益权等改革措施,提高科研人员成果转化收益比例,加大股权激励力度,鼓励科研人员创业创新。开放各类创业创新资源和基础设施,构建开放式创业创新体系。

3.构建大学生创业支持体系。实施大学生创业引领计划,落实大学生创业指导服务机构、人员、场地、经费等。建立健全弹性学制管理办法,允许学生保留学籍休学创业。构建创业创新教育和实训体系。加强创业导师队伍建设,完善兼职创业导师制度。

4.建立健全双创支撑服务体系。引导和推动创业投资、创业孵化与高校、科研院所等技术成果转移相结合。完善知识产权运营、技术交流、通用技术合作研发等平台。

(三)企业示范基地

建设目标：

充分发挥创新能力突出、创业氛围浓厚、资源整合能力强的领军企业核心作用，引导企业转型发展与双创相结合，大力推动科技创新和体制机制创新，探索形成大中小型企业联合实施双创的制度体系和经验。

建设重点：

1.构建适合创业创新的企业管理体系。健全激励机制和容错纠错机制，激发和保护企业家精神。结合国有企业改革，强化组织管理制度创新，鼓励企业按照有关规定，通过股权、期权、分红等激励方式，支持员工自主创业、企业内部再创业，增强企业创新发展能力。

2.激发企业员工创造力。加快技术和服务等双创支撑平台建设，开放创业创新资源，为员工创业创新提供支持。积极培育创客文化，激发员工创造力，提升企业市场适应能力。

3.拓展创业创新投融资渠道。建立面向员工创业和小微企业发展的创业创新投资平台，整合企业内外部资金资源，完善投融资服务体系，为创业项目和团队提供全方位的投融资支持。

4.开放企业创业创新资源。依托物联网、大数据、云计算等技术和服务平台，探索服务于产业和区域发展的新模式，利用互联网手段，向社会开放供应链，提供财务、市场、融资、技术、管理等服务，促进大中型企业和小微企业协同创新、共同发展。

五、步骤安排

2016年上半年,首批双创示范基地结合自身特点,研究制定具体工作方案,明确各自建设目标、建设重点、时间表和路线图。国家发展改革委会同教育部、科技部、工业和信息化部、财政部、人力资源社会保障部、国务院国资委、中国科协等部门和单位论证、完善工作方案,建立执行评估体系和通报制度。示范基地工作方案应向社会公布,接受社会监督。

2016年下半年,首批双创示范基地按照工作方案,完善制度体系,加快推进示范基地建设。

2017年上半年,国家发展改革委会同相关部门组织对示范基地建设开展督促检查和第三方评估。对于成熟的可复制可推广的双创模式和典型经验,在全国范围内推广。

2017年下半年,总结首批双创示范基地建设经验,完善制度设计,丰富示范基地内涵,逐步扩大示范基地范围,组织后续示范基地建设。

双创示范基地所在地人民政府要高度重视,加强领导,完善组织体系,把双创示范基地建设作为重要抓手和载体,认真抓好落实;要出台有针对性的政策措施,保证政策真正落地生根,进一步释放全社会创新活力。各相关部门要加强指导,建立地方政府、部门政策协调联动机制,为高校、科研院所、各类企业等提供政策支持、科技支撑、人才引进、公共服务等保障条件,形成强大政策合力;要细化评估考核机制,建立良性竞争机制,实现对示范基地的动态调整,推动形成大众创业万众创新的新局面。

附件:首批双创示范基地名单(28个)

国务院办公厅
2016年5月8日

(此件公开发布)

附件

首批双创示范基地名单(28个)

一、区域示范基地(17个)

北京市海淀区、天津市滨海新区中心商务区、辽宁省沈阳市浑南区、上海市杨浦区、江苏省常州市武进区、浙江省杭州市余杭区浙江杭州未来科技城、安徽省合肥高新技术产业开发区、福建福州新区、河南省郑州航空港经济综合实验区、湖北省武汉东湖新技术开发区、湖南湘江新区、广东省广州高新技术产业开发区科学城园区、广东省深圳市南山区、重庆两江新区、四川省成都市郫县、贵州贵安新区、陕西西咸新区。

二、高校和科研院所示范基地(4个)

清华大学、上海交通大学、南京大学、四川大学。

三、企业示范基地(7个)

中国电信集团公司、中国航天科工集团公司、招商局集团有限公司、海尔集团公司、中信重工机械股份有限公司、共享装备股份有限公司、阿里巴巴集团。

国家发展改革委关于切实做好传统基础设施领域政府和社会资本合作有关工作的通知

(发改投资〔2016〕1744号)

各省、自治区、直辖市及计划单列市发展改革委,新疆生产建设兵团发展改革委:

根据2016年7月7日国务院常务会议明确的政府和社会资本合作部门职责分

工,按照《中共中央 国务院关于深化投融资体制改革的意见》(中发〔2016〕18号)、《国务院关于创新重点领域投融资机制鼓励社会投资的指导意见》(国发〔2014〕60号)等文件精神,现就进一步做好传统基础设施领域政府和社会资本合作(PPP)相关工作、积极鼓励和引导民间投资提出以下要求。

一、充分认识做好基础设施领域PPP工作的重要意义

20世纪80年代,我国就开始在基础设施领域引入PPP模式,经过30多年发展,为持续提高我国基础设施水平发挥了积极作用。经济新常态下,继续做好基础设施领域PPP有关工作,有利于推进结构性改革尤其是供给侧结构性改革,增加有效供给,实施创新驱动发展战略,促进稳增长、补短板、扩就业、惠民生;有利于打破基础设施领域准入限制,鼓励引导民间投资,提高基础设施项目建设、运营和管理效率,激发经济活力,增强发展动力;有利于创新投融资机制,推动各类资本相互融合、优势互补,积极发展混合所有制经济;有利于理顺政府与市场关系,加快政府职能转变,充分发挥市场配置资源的决定性作用和更好发挥政府作用。

各地发展改革部门要会同有关行业主管部门等,切实做好能源、交通运输、水利、环境保护、农业、林业以及重大市政工程等基础设施领域PPP推进工作,进一步加强协调配合,形成政策合力,确保政令统一、政策协同、组织高效、精准发力,共同推动政府和社会资本合作工作顺利开展。

二、加强项目储备

各地发展改革部门要会同有关行业主管部门,根据经济社会发展需要,按照项目合理布局、政府投资有效配置等原则,切实做好基础设施领域PPP项目的总体规划、综合平衡和储备管理等工作,充分掌握了解各行业PPP项目总体情况。要在投资项目在线审批监管平台及重大建设项目库基础上,建立基础设施PPP项目库,切实做好项目储备、动态管理、实施监测等各项工作。

三、推行项目联审

积极推行多评合一、统一评审的工作模式,提高审核效率。各地发展改革部门要会同相关部门建立 PPP 项目联审机制,积极引入第三方评估机构,从项目建设的必要性、合规性、规划衔接性、PPP 模式适用性、财务可负担性以及价格和收费的合理性等方面,对项目进行综合评估。

四、做好项目决策

加强项目可行性研究,依法依规履行投资管理程序。对拟采用 PPP 模式的项目,要将项目是否适用 PPP 模式的论证纳入项目可行性研究论证和决策。充分考虑项目的战略价值、经济价值、商务模式、可融资性以及管理能力,科学分析项目采用 PPP 模式的必要性和可行性,不断优化工程建设规模、建设内容、建设标准、技术方案及工程投资等。

五、建立合理投资回报机制

积极探索优化基础设施项目的多种付费模式,采取资本金注入、直接投资、投资补助、贷款贴息,以及政府投资股权少分红、不分红等多种方式支持项目实施,提高社会资本投资回报,增强项目吸引力。鼓励加大项目前期资本金投入,减轻项目运营期间政府支出压力。鼓励社会资本创新商业模式及体制机制,提高运营效率,降低项目成本。

推进基础设施领域的价格改革,合理确定价格收费标准,依法适当延长特许经营年限,提供广告、土地等资源配置,充分挖掘项目运营商业价值,建立使用者付费和可行性缺口补贴类项目的合理投资回报机制,既要使社会资本获得合理投资回报,也要有效防止政府和使用者负担过重。

六、规范项目实施

对确定采用 PPP 模式的项目,要按照《招标投标法》等法律法规,通过公开招标、邀请招标等多种方式,公平择优选择具有相应管理经验、专业能力、融资实力以及信用状况良好的社会资本作为合作伙伴。依法签订规范的项目合同,明确服务标准、价格管理、回报方式、风险分担、履约监督、信息披露等内容,细化完善合同文本,确保合同内容全面、规范、有效。项目实施期间社会投资人出现重大违约,或发生重大不可抗力等事项,需要政府提前回购的,要合理划分各方责任,妥善做好项目移交。项目结束后,适时对项目效率、效果、影响和可持续性等进行后评价,科学评价项目绩效,不断完善PPP模式制度体系。

七、构建多元化退出机制

政府和社会资本合作期满后,按照合同约定的移交形式、移交内容和移交标准,及时组织开展项目验收、资产交割等工作。推动PPP项目与资本市场深化发展相结合,依托各类产权、股权交易市场,通过股权转让、资产证券化等方式,丰富PPP项目投资退出渠道。提高PPP项目收费权等未来收益变现能力,为社会资本提供多元化、规范化、市场化的退出机制,增强PPP项目的流动性,提升项目价值,吸引更多社会资本参与。

八、积极发挥金融机构作用

各地发展改革部门要会同有关部门,与金融机构加强合作对接,完善保险资金等参与PPP项目的投资机制,鼓励金融机构通过债权、股权、资产支持计划等多种方式,支持基础设施PPP项目建设。发挥各类金融机构专业优势,鼓励金融机构向政府提供规划咨询、融资顾问、财务顾问等服务,提前介入并帮助各地做好PPP项目策划、融资方案设计、融资风险控制、社会资本引荐等工作,切实提高PPP项目融资效率。

九、鼓励引导民间投资和外商投资

树立平等合作观念,多推介含金量高的项目,给予各类投资主体公平参与机会,鼓励和引导民营企业、外资企业参与PPP项目。招标选择社会资本方时,要合理设定投标资格和评标标准,消除隐性壁垒,确保一视同仁、公平竞争。探索在PPP项目中发展混合所有制,组建国有资本、民营资本、外商资本共同参与的项目公司,发挥各自优势,推动项目顺利实施。引导民间资本、外商资本参与PPP基金等,拓宽民间资本、外商资本参与PPP项目渠道。鼓励不同类型的民营企业、外资企业,通过组建联合体等方式共同参与PPP项目。

十、优化信用环境

各地发展改革部门要会同有关部门,加快推进社会信用体系建设,建立健全投融资领域相关主体信用记录,强化并提升政府和投资者的契约意识和诚信意识,规范履约行为,形成守信激励、失信惩戒的约束机制,促使相关主体切实强化责任,履行法定义务。加强政务诚信建设,提高政府履约能力,优化社会资本参与PPP项目的信用环境。

各地发展改革部门要高度重视,切实加强组织领导,认真做好统筹规划、综合协调等工作,形成合力,抓好落实。进一步推进简政放权、放管结合、优化服务,对各类社会资本一视同仁。加强PPP政策解读和宣传力度,提高各方对PPP的认知程度,培育积极的合作理念,建立规范的合作机制,营造良好的合作氛围,充分发挥政府、市场和社会资本的合力,保障基础设施领域政府和社会资本合作模式顺利推进。对其他领域的政府和社会资本合作项目,要积极配合有关部门开展相关工作。

附件:传统基础设施领域推广PPP模式重点项目

国家发展改革委
2016年8月10日

抄送:国土资源部、环境保护部、住房城乡建设部、交通运输部、水利部、农业部、

林业局、旅游局、银监会、证监会、保监会、能源局、海洋局、铁路局、民航局、铁路总公司

附件

传统基础设施领域推广 PPP 模式重点项目

一、能源领域

电力及新能源类：供电/城市配电网建设改造、农村电网改造升级、资产界面清晰的输电项目、充电基础设施建设运营、分布式能源发电项目、微电网建设改造、智能电网项目、储能项目、光伏扶贫项目、水电站项目、热电联产、电能替代项目等。

石油和天然气类：油气管网主干/支线、城市配气管网和城市储气设施、液化天然气（LNG）接收站、石油和天然气储备设施等项目。

煤炭类：煤层气输气管网、压缩/液化站、储气库、瓦斯发电等项目。

二、交通运输领域

铁路运输类：列入中长期铁路网规划、国家批准的专项规划和区域规划的各类铁路项目。重点鼓励社会资本投资建设和运营城际铁路、市域（郊）铁路、资源开发性铁路以及支线铁路，鼓励社会资本参与投资铁路客货运输服务业务和铁路"走出去"项目。

道路运输类：公路建设、养护、运营和管理项目。城市地铁、轻轨、有轨电车等城市轨道交通项目。

水上运输类：港口码头、航道等水运基础设施建设、养护、运营和管理等项目。

航空运输类：民用运输机场、通用机场及配套基础设施建设等项目。

综合类：综合运输枢纽、物流园区、运输站场等建设、运营和管理项目，交通运输

物流公共信息平台等项目。

三、水利领域

引调水工程、水生态治理工程、供水工程、江河湖泊治理工程、灌区工程、农业节水工程、水土保持等项目。

四、环境保护领域

水污染治理项目、大气污染治理项目、固体废物治理项目、危险废物治理项目、放射性废物治理项目、土壤污染治理项目。

湖泊、森林、海洋等生态建设、修复及保护项目。

五、农业领域

高标准农田、种子工程、易地扶贫搬迁、规模化大型沼气等三农基础设施建设项目。

现代渔港、农业废弃物资源化利用、示范园区、国家级农产品批发市场等项目。旅游农业、休闲农业基础设施建设等项目。

六、林业领域

京津风沙源治理工程、岩溶地区石漠化治理工程、重点防护林体系建设、国家储备林、湿地保护与修复工程、林木种质资源保护、森林公园等项目。

七、重大市政工程领域

采取特许经营方式建设的城市供水、供热、供气、污水垃圾处理、地下综合管廊、园区基础设施、道路桥梁以及公共停车场等项目。

国家发展改革委关于印发《传统基础设施领域实施政府和社会资本合作项目工作导则》的通知

(发改投资〔2016〕2231号)

各省、自治区、直辖市及计划单列市发展改革委,新疆生产建设兵团发展改革委:

为进一步规范传统基础设施领域政府和社会资本合作(PPP)项目操作流程,现将《传统基础设施领域实施政府和社会资本合作项目工作导则》印发你们,请积极采取有力措施,加大工作力度,切实做好各项工作。

附件:传统基础设施领域实施政府和社会资本合作项目工作导则

国家发展改革委
2016年10月24日

抄送:财政部、国土资源部、环境保护部、住房城乡建设部、交通运输部、水利部、农业部、工商总局、林业局、旅游局、银监会、证监会、保监会、海洋局、铁路局、民航局、铁路总公司

附件

传统基础设施领域实施政府和社会资本合作项目工作导则

第一章 总 则

第一条 目的和依据

为进一步规范传统基础设施领域政府和社会资本合作(PPP)项目操作流程,根

据《中共中央 国务院关于深化投融资体制改革的意见》(中发〔2016〕18号)、《国务院关于创新重点领域投融资机制鼓励社会投资的指导意见》(国发〔2014〕60号)、《国务院办公厅转发财政部发展改革委人民银行关于在公共服务领域推广政府和社会资本合作模式指导意见的通知》(国办发〔2015〕42号)、《基础设施和公用事业特许经营管理办法》(国家发展改革委等部门令2015年第25号)、《国家发展改革委关于开展政府和社会资本合作的指导意见》(发改投资〔2014〕2724号)等文件要求,制定本导则。

第二条 适用范围

按照国务院确定的部门职责分工,本导则适用于在能源、交通运输、水利、环境保护、农业、林业以及重大市政工程等传统基础设施领域采用PPP模式的项目。具体项目范围参见《国家发展改革委关于切实做好传统基础设施领域政府和社会资本合作有关工作的通知》(发改投资〔2016〕1744号)。

第三条 实施方式

政府和社会资本合作模式主要包括特许经营和政府购买服务两类。新建项目优先采用建设—运营—移交(BOT)、建设—拥有—运营—移交(BOOT)、设计—建设—融资—运营—移交(DBFOT)、建设—拥有—运营(BOO)等方式。存量项目优先采用改建—运营—移交(ROT)方式。同时,各地区可根据当地实际情况及项目特点,积极探索、大胆创新,灵活运用多种方式,切实提高项目运作效率。

第四条 适用要求

各级发展改革部门应按照本导则明确的程序要求和工作内容,本着"简捷高效、科学规范、兼容并包、创新务实"原则,会同有关部门,加强协调配合,形成合力,共同促进本地区传统基础设施领域PPP模式规范健康发展。国家发展改革委将加强指导和监督,促进PPP工作稳步推进。

第二章 项目储备

第五条 加强规划政策引导

要重视发挥发展规划、投资政策的战略引领与统筹协调作用,按照国民经济和社会发展总体规划、区域规划、专项规划及相关政策,依据传统基础设施领域的建设目标、重点任务、实施步骤等,明确推广应用PPP模式的统一部署及具体要求。

第六条 建立PPP项目库

各级发展改革部门要会同有关行业主管部门,在投资项目在线审批监管平台(重大建设项目库)基础上,建立各地区各行业传统基础设施PPP项目库,并统一纳入国家发展改革委传统基础设施PPP项目库,建立贯通各地区各部门的传统基础设施PPP项目信息平台。入库情况将作为安排政府投资、确定与调整价格、发行企业债券及享受政府和社会资本合作专项政策的重要依据。

第七条 纳入年度实施计划

列入各地区各行业传统基础设施PPP项目库的项目,实行动态管理、滚动实施、分批推进。对于需要当年推进实施的PPP项目,应纳入各地区各行业PPP项目年度实施计划。需要使用各类政府投资资金的传统基础设施PPP项目,应当纳入三年滚动政府投资计划。

第八条 确定实施机构和政府出资人代表

对于列入年度实施计划的PPP项目,应根据项目性质和行业特点,由当地政府行业主管部门或其委托的相关单位作为PPP项目实施机构,负责项目准备及实施等工作。鼓励地方政府采用资本金注入方式投资传统基础设施PPP项目,并明确政府出资人代表,参与项目准备及实施工作。

第三章 项目论证

第九条 PPP项目实施方案编制

纳入年度实施计划的PPP项目,应编制PPP项目实施方案。PPP项目实施方案由实施机构组织编制,内容包括项目概况、运作方式、社会资本方遴选方案、投融资和财务方案、建设运营和移交方案、合同结构与主要内容、风险分担、保障与监管措施等。为提高工作效率,对于一般性政府投资项目,各地可在可行性研究报告中包括PPP项目实施专章,内容可以适当简化,不再单独编写PPP项目实施方案。

实施方案编制过程中,应重视征询潜在社会资本方的意见和建议。要重视引导社会资本方形成合理的收益预期,建立主要依靠市场的投资回报机制。如果项目涉及向使用者收取费用,要取得价格主管部门出具的相关意见。

第十条 项目审批、核准或备案

政府投资项目的可行性研究报告应由具有相应项目审批职能的投资主管部门等审批。可行性研究报告审批后,实施机构根据经批准的可行性研究报告有关要求,完善并确定PPP项目实施方案。重大基础设施政府投资项目,应重视项目初步设计方案的深化研究,细化工程技术方案和投资概算等内容,作为确定PPP项目实施方案的重要依据。

实行核准制或备案制的企业投资项目,应根据《政府核准的投资项目目录》及相关规定,由相应的核准或备案机关履行核准、备案手续。项目核准或备案后,实施机构依据相关要求完善和确定PPP项目实施方案。

纳入PPP项目库的投资项目,应在批复可行性研究报告或核准项目申请报告时,明确规定可以根据社会资本方选择结果依法变更项目法人。

第十一条 PPP项目实施方案审查审批

鼓励地方政府建立PPP项目实施方案联审机制。按照"多评合一,统一评审"的要求,由发展改革部门和有关行业主管部门牵头,会同项目涉及的财政、规划、国土、价格、公共资源交易管理、审计、法制等政府相关部门,对PPP项目实施方案进行联合评审。必要时可先组织相关专家进行评议或委托第三方专业机构出具评估意见,然后再进行联合评审。

一般性政府投资项目可行性研究报告中的PPP项目实施专章,可结合可行性研究报告审批一并审查。

通过实施方案审查的PPP项目,可以开展下一步工作;按规定需报当地政府批准的,应报当地政府批准同意后开展下一步工作。未通过审查的,可在调整实施方案后重新审查;经重新审查仍不能通过的,不再采用PPP模式。

第十二条 合同草案起草

PPP项目实施机构依据审查批准的实施方案,组织起草PPP合同草案,包括PPP项目主合同和相关附属合同(如项目公司股东协议和章程、配套建设条件落实协议等)。PPP项目合同主要内容参考国家发展改革委发布的《政府和社会资本合作项目通用合同指南(2014年版)》。

第四章 社会资本方选择

第十三条 社会资本方遴选

依法通过公开招标、邀请招标、两阶段招标、竞争性谈判等方式,公平择优选择具有相应投资能力、管理经验、专业水平、融资实力以及信用状况良好的社会资本方作为合作伙伴。其中,拟由社会资本方自行承担工程项目勘察、设计、施工、监理以及与工程建设有关的重要设备、材料等采购的,必须按照《招标投标法》的规定,通过招标方式选择社会资本方。

在遴选社会资本方资格要求及评标标准设定等方面,要客观、公正、详细、透明,禁止排斥、限制或歧视民间资本和外商投资。鼓励社会资本方成立联合体投标。鼓励设立混合所有制项目公司。社会资本方遴选结果要及时公告或公示,并明确申诉渠道和方式。

各地要积极创造条件,采用多种方式保障 PPP 项目建设用地。如果项目建设用地涉及土地招拍挂,鼓励相关工作与社会资本方招标、评标等工作同时开展。

第十四条　PPP 合同确认谈判

PPP 项目实施机构根据需要组织项目谈判小组,必要时邀请第三方专业机构提供专业支持。

谈判小组按照候选社会资本方的排名,依次与候选社会资本方进行合同确认谈判,率先达成一致的即为中选社会资本方。项目实施机构应与中选社会资本方签署确认谈判备忘录,并根据信息公开相关规定,公示合同文本及相关文件。

第十五条　PPP 项目合同签订

PPP 项目实施机构应按相关规定做好公示期间异议的解释、澄清和回复等工作。公示期满无异议的,由项目实施机构会同当地投资主管部门将 PPP 项目合同报送当地政府审核。政府审核同意后,由项目实施机构与中选社会资本方正式签署 PPP 项目合同。

需要设立项目公司的,待项目公司正式设立后,由实施机构与项目公司正式签署 PPP 项目合同,或签署关于承继 PPP 项目合同的补充合同。

第五章　项目执行

第十六条　项目公司设立

社会资本方可依法设立项目公司。政府指定了出资人代表的,项目公司由政府出资人代表与社会资本方共同成立。项目公司应按照 PPP 合同中的股东协议、公司章程等设立。

项目公司负责按 PPP 项目合同承担设计、融资、建设、运营等责任,自主经营,自负盈亏。除 PPP 项目合同另有约定外,项目公司的股权及经营权未经政府同意不得变更。

第十七条　项目法人变更

PPP项目法人选择确定后,如与审批、核准、备案时的项目法人不一致,应按照有关规定依法办理项目法人变更手续。

第十八条　项目融资及建设

PPP项目融资责任由项目公司或社会资本方承担,当地政府及其相关部门不应为项目公司或社会资本方的融资提供担保。项目公司或社会资本方未按照PPP项目合同约定完成融资的,政府方可依法提出履约要求,必要时可提出终止PPP项目合同。

PPP项目建设应符合工程建设管理的相关规定。工程建设成本、质量、进度等风险应由项目公司或社会资本方承担。政府方及政府相关部门应根据PPP项目合同及有关规定,对项目公司或社会资本方履行PPP项目建设责任进行监督。

第十九条　运营绩效评价

PPP项目合同中应包含PPP项目运营服务绩效标准。项目实施机构应会同行业主管部门,根据PPP项目合同约定,定期对项目运营服务进行绩效评价,绩效评价结果应作为项目公司或社会资本方取得项目回报的依据。

项目实施机构应会同行业主管部门,自行组织或委托第三方专业机构对项目进行中期评估,及时发现存在的问题,制订应对措施,推动项目绩效目标顺利完成。

第二十条　项目临时接管和提前终止

在PPP项目合作期限内,如出现重大违约或者不可抗力导致项目运营持续恶化,危及公共安全或重大公共利益时,政府要及时采取应对措施,必要时可指定项目实施机构等临时接管项目,切实保障公共安全和重大公共利益,直至项目恢复正常运营。不能恢复正常运营的,要提前终止,并按PPP合同约定妥善做好后续工作。

第二十一条　项目移交

对于PPP项目合同约定期满移交的项目,政府应与项目公司或社会资本方在合作期结束前一段时间(过渡期)共同组织成立移交工作组,启动移交准备工作。

移交工作组按照PPP项目合同约定的移交标准,组织进行资产评估和性能测试,保证项目处于良好运营和维护状态。项目公司应按PPP项目合同要求及有关规定完成移交工作并办理移交手续。

第二十二条　PPP项目后评价

项目移交完成后,地方政府有关部门可组织开展PPP项目后评价,对PPP项目全生命周期的效率、效果、影响和可持续性等进行评价。评价结果应及时反馈给项目利益相关方,并按有关规定公开。

第二十三条　信息公开及社会监督

各地要建立PPP项目信息公开机制,依法及时、充分披露PPP项目基本信息、招标投标、采购文件、项目合同、工程进展、运营绩效等,切实保障公众知情权。涉及国家秘密的有关内容不得公开;涉及商业秘密的有关内容经申请可以不公开。

建立社会监督机制,鼓励公众对PPP项目实施情况进行监督,切实维护公共利益。

第六章　附则

第二十四条

本导则由国家发展改革委负责解释。

第二十五条

本导则自印发之日起施行。

关于进一步共同做好政府和社会资本合作(PPP)有关工作的通知

(财金〔2016〕32号)

各省、自治区、直辖市、计划单列市财政厅(局)、发展改革委,新疆生产建设兵团财务局、发展改革委:

《国务院关于创新重点领域投融资机制鼓励社会投资的指导意见》(国发〔2014〕60号)和《国务院办公厅转发财政部 发展改革委 人民银行关于在公共服务领域推广政府和社会资本合作模式指导意见的通知》(国办发〔2015〕42号)出台实施以来,各地认真落实党中央、国务院决策部署,大力推广政府和社会资本合作模式(Public-Private Partnership,以下简称PPP),取得了一定成效。为进一步做好PPP有关工作,现通知如下:

一、稳妥有序推进PPP工作

各地要进一步加强舆论宣传力度,引导各界树立正确的理念认识,制订切合实际的工作目标,建立科学合理的工作预期,积极稳妥地鼓励和引导社会资本参与公共产品和服务的供给,切实推动PPP模式持续健康发展。

二、进一步加强协调配合

各地要进一步加强部门间的协调配合,形成政策合力,积极推动政府和社会资本合作顺利实施。对于涉及多部门职能的政策,要联合发文;对于仅涉及本部门的政策,出台前要充分征求其他部门意见,确保政令统一、政策协同、组织高效、精准发力。

三、扎实做好PPP项目前期工作

要加强项目可行性研究,充分论证、科学决策,确保合理有效地提供公共产品和服务。项目决策后,选择条件成熟、适合采用PPP模式的项目,依法选择社会资本方,加快前期工作。

四、建立完善合理的投资回报机制

各地要通过合理确定价格和收费标准、运营年限,确保政府补贴适度,防范中长期财政风险。要通过适当的资源配置、合适的融资模式等,降低融资成本,提高资金使用效率。要充分挖掘PPP项目后续运营的商业价值,鼓励社会资本创新管理模式,提高运营效率,降低项目成本,提高项目收益。要建立动态可调整的投资回报机制,根据条件、环境等变化及时调整完善,防范政府过度让利。

五、着力提高PPP项目融资效率

各地要与中国PPP融资支持基金积极做好项目对接,推动中央和地方联动,优化PPP项目融资环境,降低融资成本。要坚决杜绝各种非理性担保或承诺、过高补贴或定价,避免通过固定回报承诺、明股实债等方式进行变相融资。

六、强化监督管理

各地要对PPP项目有关执行法律、行政法规、行业标准、产品或服务技术规范等进行有效的监督管理,并依法加强项目合同审核与管理,加强成本监督审查。要杜绝固定回报和变相融资安排,在保障社会资本获得合理收益的同时,实现激励相容。

七、加强PPP项目信息公开

要实现项目信息的及时发布与投资需求的有效对接,推动市场信息对称和充分公平竞争。要依法及时、充分披露项目实施方案、招标投标、采购文件、项目合同、工程进展、运营绩效等相关信息,切实保障公众知情权,主动接受社会监督,维护公共利益。

财政部　发展改革委
2016年5月28日

中国银监会、科技部、中国人民银行关于支持银行业金融机构加大创新力度开展科创企业投贷联动试点的指导意见

(银监发〔2016〕14号)

各银监局;各省、自治区、直辖市、计划单列市科技厅(委、局);中国人民银行上海总部,各分行、营业管理部、省会(首府)城市中心支行,副省级城市中心支行;各政策性银行、大型银行、股份制银行,邮储银行,外资银行,金融资产管理公司:

为完善科技金融服务模式,支持科技创新创业企业(以下简称科创企业)发展,现就银行业金融机构加大创新力度,开展科创企业投贷联动试点提出以下指导意见:

一、总体要求

(一)指导思想

全面贯彻党的十八大和十八届三中、四中、五中全会精神,按照党中央、国务院决策部署,坚持创新、协调、绿色、开放、共享的发展理念,加快实施创新驱动发展战略,大力推进大众创业、万众创新,充分发挥银行业金融机构的积极作用,坚持改革驱动,努力探索符合中国国情、适合科创企业发展的金融服务模式。

(二)基本原则

1.统筹协调,稳步推进。加强多方协作,优化政策环境,整合各方资源,实现市场主导和政府支持相统一,股权投资和银行信贷相结合,引导银行业金融机构有序开展投贷联动试点工作,取得经验后稳步推广。

2.简政放权,因地制宜。充分发挥试点银行业金融机构的主体作用和试点地区银监局监管职能,强调结合试点地区实际情况制定试点方案,加强事中事后管理。

3.风险可控,商业可持续。银行业金融机构要探索建立合理的投贷联动业务发展模式,建立适应科创企业发展规律和金融需求的体制机制,实现风险可控、商业可

持续。

(三)试点目标

通过开展投贷联动试点,推动银行业金融机构基于科创企业成长周期前移金融服务,为种子期、初创期、成长期的科创企业提供资金支持,有效增加科创企业金融供给总量,优化金融供给结构,探索推动银行业金融机构业务创新发展。

二、试点范围和条件

(一)投贷联动的界定。投贷联动是指银行业金融机构以"信贷投放"与本集团设立的具有投资功能的子公司"股权投资"相结合的方式,通过相关制度安排,由投资收益抵补信贷风险,实现科创企业信贷风险和收益的匹配,为科创企业提供持续资金支持的融资模式。

(二)适用对象。适用于试点银行业金融机构面向试点地区的科创企业开展的投贷联动业务。

本指导意见所称科创企业是指试点地区内符合下列条件之一的科技型中小微企业:

1. 满足高新技术企业认定条件、获得国家高新技术企业证书;

2. 经试点地区政府认定且纳入地方政府风险补偿范畴;

3. 经银行业金融机构审慎筛查后认定。

(三)试点银行业金融机构条件。投贷联动试点银行业金融机构应当具备如下条件:

1. 公司治理完善,监管评级良好;

2. 风险管控能力较强,投贷之间风险"防火墙"建设健全,能够严格隔离信贷业务和股权投资的风险,并表风险管理能力良好;

3. 具备相应的专业人才和业务创新能力、服务科创企业的能力;

4. 具备经董事会审议的投贷联动战略规划、实施方案和专门的管理制度;

5. 银监会要求的其他条件。

(四)试点地区条件。试点地区应当具备以下条件:

1. 科技资源较为丰富,科创企业聚集,创新创业生态系统较为完整;

2. 地方政府对科技创新支持力度大,对科创企业的管理和服务体系比较完备,已提供或承诺提供有效的风险分担机制等政策支持;

3. 社会诚信度较高,信用环境较好;

4. 区域内银行业金融机构管理稳健,经营状况良好;

5. 银监会要求的其他条件。

三、试点机构的组织架构设置

(一)设立投资功能子公司。试点机构在境内已设立具有投资功能子公司的,由其子公司开展股权投资进行投贷联动。试点机构未设立具有投资功能子公司的,经申请和依法批准后,允许设立具有投资功能子公司。

(二)设立科技金融专营机构。试点机构可按照《中资商业银行专营机构监管指引》(银监发〔2012〕59号)规定,设立服务科创企业的科技金融专营机构及其分支机构(以下简称科技金融专营机构),专司与科创企业股权投资相结合的信贷投放。除发放贷款外,科技金融专营机构可以向科创企业提供包括结算、财务顾问、外汇等在内的一站式、系统化金融服务。试点机构也可以新设或改造部分分(支)行,作为从事科创企业金融服务的专业或特色分(支)行,开展科创企业信贷及相关金融服务。

四、业务管理与机制建设

(一)建立"防火墙"。在开展投贷联动业务时,试点机构投资功能子公司应当以自有资金向科创企业进行股权投资,不得使用负债资金、代理资金、受托资金以及其他任何形式的非自有资金;投资功能子公司投资单一科创企业的比例不超过子公司自有资金的10%；面向科创企业的股权投资应当与其他投资业务隔离；投资功能子公司应当与银行母公司实行机构隔离、资金隔离。

银行开展科创企业信贷投放时，贷款来源应当为表内资金，不得使用理财资金、委托资金、代理资金等非表内资金。

（二）项目筛查。试点机构投资功能子公司应当建立项目筛查机制。根据自身市场定位、行业专长和风险偏好独立判断，开发合适的、市场前景良好和风险可承受的科创企业作为目标客户。

（三）投资功能子公司定位。试点机构投资功能子公司应当作为财务投资人，可选择种子期、初创期、成长期的非上市科创企业进行股权投资，分享投资收益、承担相应风险。按照约定参与初创企业的经营管理，适时进行投资退出和管理退出。

（四）贷款"三查"。银行应当开展单独的科创企业贷款"三查"，对投资功能子公司的股权投资项目进行再筛查，确定投贷联动企业项目后跟进信贷投放。

在贷前调查时，可以增加技术专利和研发能力、管理团队构成和管理能力、商业模式和市场前景等要素。

在贷中审查时，应当建立单独的审批标准和审批流程，配备专业管理团队。

在贷后检查时，除直接对科创企业开展检查外，可以利用投资功能子公司等渠道掌握信息，将科创企业的成长性和后续融资能力等纳入评价要素。

（五）贷款定价。银行应当实行单独的科创企业贷款定价机制，根据科创企业发展前景、股权投资状况、业务成本、当地市场平均利率等因素综合确定贷款利率。

（六）信贷管理。银行应当建立单独的科创企业信贷管理制度，体现有别于传统模式的管理创新，单列信贷计划，单独进行财务资源配置。

在客户评价、业务模式、风险缓释方式、贷款额度和期限确定、还款方式等方面大力开展创新；进行担保创新，拓宽抵质押品范围，开发知识产权质押、股权质押等适合科创企业的担保方式。

（七）多方合作。试点机构可以整合各方资源，综合利用各项扶持政策，加强与地方政府、担保公司、保险公司的合作，完善信息共享，健全风险分担和补偿机制。开展投贷联动业务前，试点机构应当与投资功能子公司、地方政府、担保公司、保险公司等主体建立整体合作框架，与相关各方签订合作协议。

（八）风险容忍和风险分担。开展投贷联动业务时，试点机构应当合理设定科创企业的贷款风险容忍度，确定银行及其投资功能子公司、政府贷款风险补偿基金、担保公司、保险公司之间不良贷款本金的分担补偿机制和比例，使不良贷款率控制在设定的风险容忍度范围内。政府贷款风险补偿基金应当为纳入政府财政预算的资金。投资功能子公司分担的不良贷款损失由投贷联动业务中的投资收益覆盖。试点机构设立的投资功能子公司与银行科创企业信贷账务最终纳入银行集团并表管理。

在投贷联动业务中，有关各方应当通过合同安排，对不良贷款风险分担权责进行明确。

（九）不良清收。银行应对科创企业不良贷款进行持续监测，包括已分担或未分担风险的不良贷款。已分担风险的不良贷款收回时，应当按照合同约定在承担风险分担责任的相关主体间分配。

（十）激励约束。试点机构应当针对科创企业特点，构建单独的激励约束机制，制定专门的业绩考核和奖惩机制，建立与科创企业贷款业务相适应的信贷文化。

在信贷人员绩效考核上，应当延长考核周期，体现科创企业的发展特点；应当制订差异化的风险容忍政策，适当提高科创企业贷款不良容忍度；应当制定专门的内部资金成本核算方式；应当完善信贷尽职免责机制，符合制度和业务流程、因不可抗力等原因导致的信贷损失，相关人员应当免责。

（十一）人才队伍。银行和投资功能子公司的管理层应当配备具有科技行业背景、科技金融专业知识的人员,加快引进、培养一支懂科技、懂金融的经营管理人才队伍。鼓励银行业金融机构根据自身条件确定重点支持的科技领域,培养专业化团队。

(十二)信息管理。试点机构应当建立符合科创企业信贷特点的专门流程,加强投贷联动业务管理信息系统开发。应当采取多种方式采集科创企业数据信息,积累资料,掌握科创企业成长发展规律,为开展科创企业金融服务储备信息资料。

(十三)业务退出。试点机构应当加强对投贷联动业务风险的监测评估,结合自身风险偏好,确定投贷联动业务试点退出的触发条件和机制,制定退出程序。

五、实施和监测

(一)试点省(市)银监局应依据本指导意见,结合各级政府支持科技创新的有关政策,因地制宜制定辖内试点机构开展投贷联动业务的具体实施方案,加强事中事后管理;试点银行业金融机构应向监管部门报送试点方案。

试点省(市)银监局制定的投贷联动具体实施方案及辖内试点机构试点方案应按照《银监会机关监管运行操作规程(试行)》(银监发〔2015〕6号)要求报送银监会备案。新设投资功能子公司和科技金融专营机构按照行政许可程序报批,审批机关要严格规范审批行为,严格限制自由裁量权,优化审批流程,提高审批效率,涉及新设行政许可的,依法履行新设行政许可程序。

(二)银监局应当加强试点情况监测管理和信息报送工作。持续监测试点机构投贷联动业务运行情况和风险状况,并按季报送银监会。

(三)根据试点工作开展情况,总结试点工作成效,按程序报批后,适时扩大试点机构、地区范围,推广试点成功经验。

(四)银行业金融机构与其他外部投资公司开展的投贷联动业务参照本指导意见执行。

附件：第一批试点地区和试点银行业金融机构名单（请查阅相关网站下载）

中国银监会

科技部

中国人民银行

2016年4月15日

（附件请查阅相关网站下载）

科技部关于印发《专业化众创空间建设工作指引》及公布首批国家专业化众创空间示范名单的通知

（国科发高〔2016〕231号）

各省、自治区、直辖市及计划单列市科技厅（委、局），新疆生产建设兵团科技局：

为深入贯彻落实《国务院办公厅关于加快众创空间发展服务实体经济转型升级的指导意见（国办发〔2016〕7号）》（以下简称《意见》），推动众创空间向专业化发展，充分发挥各类创新主体的积极性和创造性，发挥科技创新的引领和驱动作用，紧密对接实体经济，有效支撑我国经济结构调整和产业转型升级，科技部制定了《专业化众创空间建设工作指引》。现印发给你们，请结合本地区、本行业实际，做好落实工作。

同时，为做好专业化众创空间的示范，充分发挥引领带动作用，科技部开展了首批国家专业化众创空间的遴选工作。按照坚持发挥市场配置资源的决定性作用、坚持科技创新的引领作用、坚持服务和支撑实体经济发展的原则，在充分调研论证的基础上，研究确定了首批17家国家专业化众创空间进行示范（名单附后）。

各示范国家专业化众创空间依托主体要继续加强探索；龙头骨干企业要按照市

场机制与其他创业主体协同,优化配置技术、装备、资本、市场等创新资源,实现与中小微企业、高校、科研院所和各类创客群体有机结合;科研院所、高校要通过聚集高端创新资源,增加源头技术创新有效供给,为科技型创新创业提供专业化服务。要加强经验总结和率先示范,按照《专业化众创空间建设工作指引》有关要求制定工作方案,并经所在地科技管理部门审核后,在2016年8月31日前报送科技部高新司,电子版发送 gxs_gyfzc@most.cn。

依托主体所在地方科技管理部门要加强对专业化众创空间工作的指导和支持,加强组织领导,健全工作机制,强化统筹协调,鼓励依托主体结合自身产业发展实际,积极探索专业化众创空间发展新路径和新模式,充分发挥示范引导作用。各地科技管理部门要结合地方经济发展、科技资源条件等实际情况,主动做好服务,为众创空间的专业化发展创造条件,因地制宜地推进专业化众创空间的建设和发展。

科技部
2016 年 7 月 28 日

专业化众创空间建设工作指引

根据《国务院办公厅关于加快众创空间发展服务实体经济转型升级的指导意见》(国办发〔2016〕7号)的精神和要求,为进一步明确专业化众创空间的内涵特征、建设条件和建设方向,指导和推动专业化众创空间有序发展,特制定本工作指引。

一、目的意义

专业化众创空间是聚焦细分产业领域,以推动科技型创新创业、服务于实体经济为宗旨的重要创新创业服务平台,强调服务对象、孵化条件和服务内容的高度专业化,是能够高效配置和集成各类创新要素实现精准孵化,推动龙头骨干企业、中小微企业、科研院所、高校、创客多方协同创新的重要载体。

发展专业化众创空间是促进众创空间向纵深发展,鼓励发展众创、众包、众扶、众筹等新模式,推动形成大众创业、万众创新局面的重要举措,对于促进产业转型升级、优化创新资源配置、激发人才创新创业活力、推动体制机制改革创新具有重要意义。

二、主要特征

专业化众创空间依托具有强大产业链和创新链资源整合能力的主体建设,具有以下四方面突出特征。

一是拥有创新源头。依托龙头骨干企业、科研院所、高校等建设,能够为创业提供有效供给,推动创新、创业并重。

二是资源共享基础好、水平高。借助建设主体的科研与制造能力、管理与市场渠道资源,资源共享基础好,水平高。

三是产业整合能力强。依托建设主体的行业地位,有助于形成创新创业生态和产业生态。

四是孵化服务质量高。围绕专业领域,可为创客提供更贴合产业特点的高水平、专业化、特色化的集成式服务。

三、基本条件

专业化众创空间重点由龙头骨干企业、科研院所、高校等牵头建设。专业化众创空间的运营者可以是法人或其他社会组织,也可以是依托上述组织成立的相对独立的机构。

专业化众创空间应具备以下基本条件。

一是以服务科技型创新创业为宗旨,能够紧密对接实体经济,聚焦明确的产业细分领域。

二是具备完善的专业化研究开发和产业化条件,能够提供低成本的开放式办公空间,具有专业化的研发设计、检验检测、模型加工、中试生产等研发、生产设备设施和厂房,并提供符合行业特征专业领域的技术、信息、资本、供应链、市场对接等个性化、定制化服务。

三是具有开放式的互联网线上平台,集成或整合企业、科研院所、高校等的创新资源、产业资源以及外部的创新创业等线下资源,实现共享和有效利用。

四是具有活跃的创新和创业群体,特别是已有专业化的创客及创业团队积极参与,初步形成了良好的创新创业生态。

五是具有创新导师、创业导师服务能力。由专业人士提供技术创新辅导、创业辅导、创业培训。

六是具有创业投资基金或创新基金,或与天使投资、创投机构等合作设立股权投资基金,提供创业领域投融资服务,技术创新金融支持服务。

七是专业化众创空间与建设主体之间具有良性互动机制,服务于建设主体转型升级和新业务开发、科技成果转化,并具备完善的运营管理制度,有清晰的可持续运营机制和管理模式。

四、主要任务

建设主体结合自身基础条件和发展定位,创办针对细分产业领域、具有专业服务能力的专业化众创空间,着重围绕以下任务开展建设工作。

一是有效聚焦专业细分领域的创新创业。建设机构结合自身所处的行业领域和创新创业资源积累,有重点地选择某一产业领域作为主要方向,提供专业化的创新创业服务,注重提升专业领域创业项目的产业集聚度。

二是积极提供结合行业特征的科研条件和配套服务。对外开放建设机构自身的科研设备、检测设施、小试中试平台等科研研发条件,为创业者提供低成本的硬件设施支持。依托建设机构的创新链和产业链资源,强化供应链对接、研发设计、产品推介、投融资等专业化服务能力。

三是不断加强机制体制创新。推动科研院所建立以市场为导向的科研立项机制、融合科研成果转化的科研评价体系,加快促进科技成果转化收益分配、科研人员离岗创业等政策落实。稳步推进国有企业混合所有制改革,不断释放国有企业参与创业孵化的动能。

四是注重构筑完整的创业孵化链条。鼓励专业化众创空间建设机构自建孵化器、加速器或与其他孵化器、加速器合作,延伸对毕业企业的孵化辅导,建立专业化众创空间、创业辅导、专业孵化、企业加速器等全程企业孵化培育体系,构建"创业苗圃－孵化器－加速器"的全程孵化链条。

五是大力促进建设机构业务转型升级和持续创新。加快建立与建设机构主营业务相关的项目筛选和考核机制,构建互联互通线上平台,通过平台开展建设主体创新任务的众包,实现创新资源统筹与优化配置,推动建设机构原有业务的转型升级和新业务的探索。

六是加快提升国际化发展水平。支持建设机构开展国际化高端链接,与国外技术服务机构、创业孵化机构、创投资本开展积极合作,整合全球资源要素,构筑开放式、具有国际化视野的高端创新创业资源服务平台。不断吸引海外留学生、研发团队到专业化众创空间创业,在全球范围内集聚精通技术、投资、市场等技能的高端科技服务人才。

五、备案程序

为持续推动专业化众创空间的发展,采取备案制对专业化众创空间进行管理。备案流程如下:

1. 由省级科技主管部门指导本地区专业化众创空间建设工作。条件成熟时可组织国家专业化众创空间备案申报工作,并进行形式审查后择优向科技部推荐。

2. 科技部对以公函形式报送的专业化众创空间申报材料,按照有关标准和条件审核后确定备案名单,向社会予以公布。

附件:国家专业化众创空间备案申报材料提纲

附件

国家专业化众创空间备案申报材料提纲

一、专业化众创空间介绍

1. 建设主体基本情况

2. 专业化众创空间现状

二、取得成效

1. 总体成效

2. 3-5个成功案例

三、发展目标和重点任务

四、组织与保障

第五部分

北京股权投资基金协会会员名录

北京股权投资基金协会会员名录

表1　北京股权投资基金协会会员名录

序号	机构名称	机构类型	联系方式
1	鼎晖投资	PE/VC	地址:朝阳区东三环中路5号楼财富金融中心25层 传真:86-10-8507-6999 网址:www.cdhfund.com
2	宽带资本	PE	地址:北京市朝阳区日坛北路日坛公园具服殿 电话:86-10-85635888 传真:86-10-85635678 网址:www.cbc-capital.com
3	弘毅投资	PE	地址:北京市海淀区科学院南路2号融科资讯中心C座南楼6层 电话:86-10-8265-5888 传真:86-10-8265-5800 网址:www.honycapital.com
4	北京科桥投资顾问有限公司	PE	地址:北京市西城区金融大街19号富凯大厦B座9层 电话:86-10-6657-5509 传真:86-10-6657-5513 网址:www.co-bridgecapital.com
5	红杉资本中国基金	PE/VC	地址:北京市朝阳区建国路77号华贸中心3号写字楼3606 电话:86-10-8447-5668 传真:86-10-8447-5669 网址:www.sequoiacap.cn
6	中信资本	另类投资	地址:中国北京市东城区东直门南大街1号北京来福士中心办公楼22层 电话:86-10-5802-3999 传真:86-10-5802-3600 网址:www.citiccapital.com
7	中信产业基金	PE	地址:北京市东城区金宝街89号金宝大厦11层 电话:86-10-8507-9000 传真:86-10-8522-1872 网址:www.citicpe.com

续表

序号	机构名称	机构类型	联系方式
8	新天域资本 New Horizon Capital	PE	地址：北京市东城区金宝街89号金宝大厦9层903室 电话：86-10-8950-8400 传真：86-10-8950-8401 网址：www.nhfund.com
9	深圳市创新投资集团有限公司	VC	地址：广东省深圳市福田中心区深南大道4009号投资大厦11层 电话：0755-8291-2888 传真：0755-8291-2880 网址：www.szvc.com.cn
10	中科招商集团 CSC GROUP	PE/VC	地址：北京市朝阳区裕民路12号中国国际科技会展中心A座11层 电话：86-10-5165-2211 传真：86-10-5765-2233 网址：www.leadvc.com
11	IDG资本	VC	地址：北京建国门内大街8号中粮广场A座6层 电话：86-10-6526-2400 传真：86-10-6526-0700 网址：www.idgvc.com
12	凯雷投资集团	PE	地址：北京市朝阳区建国门外大街1号国贸大厦19层07-18室 电话：86-10-5706-7000 传真：86-10-5706-7003 网址：www.carlyle.com
13	元禾控股	PE/VC	地址：中国江苏苏州工业园区苏虹东路183号东沙湖股权投资中心19幢 电话：86-512-6660-9999 传真：86-512-6696-9998 网址：www.csvc.com.cn
14	云月投资	PE	地址：上海市黄浦区黄陂北路227号中区广场22楼 电话：86-21-6120-2080 传真：86-21-6120-2060 网址：www.lunarcap.com
15	北京亦庄国际投资发展有限公司	PE	地址：北京经济技术开发区景园北街2号BDA国际企业大道61栋 电话：010-8716-2565 网址：www.etowncapital.com

续表

序号	机构名称	机构类型	联系方式
16	北京市文化中心建设发展基金管理有限公司	PE	地址：北京市朝阳区将台路甲2号诺金中心20层 电话：86-10-5682-6999 传真：86-10-5682-6998 网址：www.bccf.com.cn
17	北京首钢基金有限公司	PE/VC	地址：北京市石景山区石景山路20号中铁建设大厦14层 电话：86-10-5239-0930 传真：86-10-5239-3900 网址：www.shougang.com.cn
18	北极光创投	VC	地址：北京市朝阳区建国路79号华贸中心2号写字楼32层100025 电话：86-10-5769-6500 传真：86-10-5969-6185 网址：www.nlvc.com
19	北京金融资产交易所	中介服务机构	地址：北京市西城区金融大街乙17号 电话：86-10-5789-6666 传真：86-10-5789-6688 网址：www.cfae.cn
20	北京控股有限公司		地址：北京市朝阳区东三环北路38号院北控大厦 电话：86-10-8587-9090 传真：86-10-8587-9033 网址：www.begcl.com
21	中国企业投资协会		地址：北京市海淀区知春路118号知春大厦A座1005号 电话：86-10-6257-7428/29/30/32 传真：86-10-8261-2221 网址：www.ceia.cn
22	毕马威华振会计师事务所	中介服务机构	地址：中国北京东长安街1号东方广场东2座8层 电话：86-10-8508-5000 传真：86-10-8518-5111 网址：www.kpmg.com
23	天元律师事务所	中介服务机构	地址：北京市西城区丰盛胡同28号太平洋保险大厦10层 电话：86-10-5776-3888 传真：86-10-5776-3777 网址：www.tylaw.com.cn

续表

序号	机构名称	机构类型	联系方式
24	美国佳利律师事务所北京办事处	中介服务机构	地址：北京市朝阳区建国门外大街乙12号双子座大厦西办公楼第23层 电话：86-10-5920-1000 传真：86-10-5879-3902 网址：www.cgsh.com
25	高能资本	PE/VC	地址：北京市朝阳区霞光里15号霄云中心A座2103 电话：86-10-8446-3378 传真：86-10-8446-3346 网址：www.powercapital.cn
26	德同资本	PE/VC	地址：北京市朝阳区东三环中路7号财富中心写字楼A座611室 电话：86-10-6530-9968 传真：86-10-6530-9968-108 网址：www.dtcap.com
27	上海浦东发展银行北京分行		地址：北京市西城区太平桥大街18号丰融国际大厦 电话：86-10-5739-5588 传真：86-10-5837-7100 网址：www.spdb.com.cn/chpage/c353/doclist.aspx
28	华夏银行		地址：北京市东城区建国门内大街22号华夏银行大厦 网址：www.hxb.com.cn/chinese/index.html
29	国投创新（北京）投资管理有限公司	PE	地址：北京市西城区广安门外南滨河路1号中国高新大厦7层 电话：86-10-8800-6412 传真：86-10-8800-6415 网址：www.sdicfund.com
30	招商致远资本投资有限公司	券商直投	地址：北京市西城区金融大街甲9号金融街中心7层 电话：86-10-5760-1898 传真：86-10-5760-1880
31	尚融资本	PE	地址：北京市朝阳区建国路甲92号世茂大厦C座23层 电话：86-10-6702-0808 传真：86-10-6701-8885 网址：www.chnc.com.cn

续表

序号	机构名称	机构类型	联系方式
32	华融融德资产管理有限公司	PE	地址：北京市西城区武定侯街6号306室 电话：86-10-5931-5310 网址：www.rongdeamc.com.cn
33	北京首创创业投资有限公司	PE/VC	地址：北京市海淀区紫竹院路81号北方地产大厦9层911 电话：86-10-6896-4806 传真：86-10-6896-4808 网址：www.capitalvc.com
34	深圳甲乙丙基金管理有限公司	PE	地址：广东省广州市天河区华夏路16号富力盈凯广场1702室之三
35	北京展腾渤润投资管理有限公司	PE/咨询	地址：北京市朝阳区建国路77号华贸中心3座6层602 电话：86-10-5940-3868
36	蓝色经济区产业投资基金		地址：北京市东城区建国门内大街7号光华长安大厦1座15层 网址：bluefund.cn
37	清科财务管理咨询（北京）有限公司		地址：北京市朝阳区霄云路26号鹏润大厦A座1203室 电话：86-10-8458-0476/6258-8680 传真：86-10-8458-0480 网址：www.zero2ipogroup.com
38	北京国泰创业投资基金管理有限公司	VC	地址：北京市海淀区宝盛南路1号院奥北科技园27号楼一层 电话：86-10-8885-4918　　8885-4953 传真：86-10-8885-6409 网址：www.gtvc.cc
39	人保资本投资管理有限公司	PE	地址：北京市西城区武定侯街6号卓著中心6层 电话：86-10-8356-1999 传真：86-10-8356-1900
40	北京立达投资基金管理中心	PE	地址：北京市海淀区板井路69号世纪金源大饭店东区写字楼7层
41	通用（北京）投资基金管理有限公司	PE	地址：北京市西三环中路90号通用技术大厦16层 电话：86-10-6334-8962
42	金陵华软	VC	地址：北京市东直门南大街1号来福士中心办公楼9层 电话：86-10-6553-8990 传真：86-10-6553-5560 网址：www.chinasoftcapital.com

续表

序号	机构名称	机构类型	联系方式
43	南山资本	PE	地址：北京市朝阳区建国门外大街1号国贸三期45层 电话：86-10-5706-9900 传真：86-10-5706-9933 网址：www.nanshancapital.com
44	上海山楂树投资管理中心（有限合伙）	PE	地址：上海浦东南路256号华夏银行大厦1905A室 电话：021-5019-9926
45	东海岸投资	PE	地址：北京市朝阳区广渠路42号院3号楼一层 电话：86-10-8771-8097 传真：86-10-8771-8097 网址：www.cecicapital.com
46	紫马基金	FOFs	地址：北京市朝阳区东三环中路9号富尔大厦31层 电话：86-10-8591-0855 传真：86-10-8591-0853 网址：www.pefofs.com
47	汉能（北京）投资咨询有限公司	PE/VC	地址：北京市朝阳区建国路79号华贸中心2座14层 电话：86-10-8588-9000 传真：86-10-8588-9001 网址：www.hinagroup.com
48	北京金立方投资管理有限公司	VC	地址：北京西城区阜外大街11号国宾大厦908室 电话：86-10-6800-5808 传真：86-10-6800-5618 网址：www.goldencube.cn
49	北京金石农业投资基金管理中心	PE	地址：北京市朝阳区吉庆里14号佳汇国际中心A座1603 电话：86-10-6553-6262 传真：86-10-6553-8591 网址：www.agri-fund.cn
50	中城投资	PE	地址：上海市徐汇区虹桥路500号中城国际大厦8楼 电话：86-21-3887-0996 传真：86-21-5882-0669 网址：www.curafund.com

续表

序号	机构名称	机构类型	联系方式
51	中国-比利时直接股权投资基金	VC	地址：北京市西城区北京市西城区金融街35号国际企业大厦C座10 电话：86-10-6656-8002 传真：8809-1810 网址：http://5324389.1024sj.com/
52	杜鸣联合房地产评估（北京）有限公司	中介服务机构	地址：东城区建国门内大街18号 电话：86-10-6600-3097
53	投中集团	中介服务机构	地址：北京市东城区东直门南大街11号中汇广场A座7层 电话：86-10-5979-9690 传真：86-10-8589-3650-603 网址：www.chinaventuregroup.com.cn
54	宁波瀚铖股权投资管理有限公司	PE	地址：北京市丰台区育芳园西里1号万年基业办公楼3楼 电话：86-10-6379-3838 传真：86-10-6378-0338 网址：www.wannian.com.cn
55	北京富莱晨思特许经营商业投资中心	PE	地址：北京市石景山区石景山路20号中铁建设大厦19层 电话：86-10-5265-6114 传真：86-10-5265-6126
56	北京市柴傅律师事务所	中介服务机构	地址：北京市朝阳区亮马桥路39号第一上海中心4层100125 电话：86-10-8453-4567 传真：86-10-8453-4568 网址：www.chaifu.com
57	北京中拓创富投资管理中心	VC	地址：北京市海淀区北坞村路甲25号静芯园L座南二层 电话：86-10-5156-3030 传真：86-10-5156-2009
58	平安信托投资有限责任公司	PE	地址：北京朝阳区新源南路3号平安国际金融中心A座 网址：trust.pingan.com
59	蓝明（北京）投资咨询有限公司		地址：北京市朝阳区北京市朝阳区建国门外大街2号北京银泰中心C
60	北京市权亚律师事务所	中介服务机构	地址：北京市朝阳区建外大街1号国贸大厦1座3718室 电话：86-10-6505-8188 传真：86-10-6505-8189/98 网址：www.transasialawyers.com

续表

序号	机构名称	机构类型	联系方式
61	北京厚生投资管理中心(有限合伙)	PE	地址：北京市西城区新街口外大街28号B座楼337号房(德胜园区)
62	盛诺金基金	PE	地址：北京市朝阳区北辰东路8号汇宾大厦B座0421室 100029 电话：86-10-8497-1699 传真：86-10-8497-1799 网址：www.sngfund.com
63	华融渝富股权投资基金管理有限公司	PE	地址：北京市西城区金融大街8号中国华融大厦C座九层 电话：86-10-5961-9161 传真：86-10-5961-9175 网址：www.hryfc.com.cn
64	安永(中国)企业咨询有限公司	中介服务机构	地址：北京市东城区东长安街1号东方广场安永大楼 100738 电话：86-10-5815-3000 传真：86-10-8518-8298 网址：www.ey.com/CN/zh/Home
65	北京通盈盛世投资基金管理有限公司	PE	地址：北京市东城区新中西里13号巨石大厦803 电话：86-10-5190-9838
66	北京银行股份有限公司	中介服务机构	地址：北京市西城区金融大街丙17号 100033 网址：www.bankofbeijing.com.cn
67	德勤华永会计师事务所有限公司北京分所	中介服务机构	地址：中国北京市东长安街1号东方广场东方经贸城德勤大楼8层 100738 电话：86-10-8520-7788 传真：86-10-8518-1218 网址：www.deloitte.com/view/zh_CN/cn/index.htm
68	北京财富世纪投资基金管理有限公司	PE	地址：北京市朝阳区光华里12号 电话：86-10-8447-9959 传真：86-10-8447-9493
69	爱康创业投资有限公司	VC	地址：北京市朝阳区安翔里甲21号楼3层
70	福建拓维律师事务所	中介服务机构	地址：福州市乌山西路318号鼓楼科技大厦14F 电话：0591-8738-8366 传真：0591-8738-8266 网址：http://topwe-law.com/

续表

序号	机构名称	机构类型	联系方式
71	北京貔亿投资管理有限公司	PE	地址：北京市朝阳区东三环北路甲19号嘉盛中心30层 电话：86-10-5870-7783 传真：86-10-5967-0212 网址：http://www.86pe.cn/html/sypp/sytz_1263.html
72	银基伟业	PE	地址：北京经济技术开发区经海路1号院57号楼 电话：86-10-5671-7110 网址：www.chinabankfund.com
73	航天产业投资基金管理有限公司	PE	地址：北京市西城区平安里西大街31号航天金融大厦6层 100035 电话：86-10-6649-8999 传真：86-10-6649-8989
74	美国美迈斯律师事务所北京代表处	中介服务机构	地址：中国北京市建国门外大街2号银泰中心C座37层 100022 电话：86-10-6563-4200 传真：86-10-6563-4201 网址：www.omm.com
75	北京京西创业投资基金管理有限公司	VC	地址：北京市石景山区石景山路20号中铁建设大厦14层 100043 电话：86-10-5239-3900 传真：86-10-5239-3988 网址：www.bwfm.com.cn
76	穆塞克（北京）投资基金管理有限公司	PE	地址：北京市海淀区中关村西区海淀东三街2号欧美汇大厦7层 100080 电话：86-10-6260-2220 网址：www.mospe.com
77	瑞银环球资产管理（中国）有限公司	PE	地址：北京市西城区金融大街7号英蓝国际金融中心1119室 100033
78	北京金融街投资管理有限公司	PE	地址：北京市西城区金融大街33号通泰大厦
79	曼达林投资顾问有限公司	PE	地址：中国北京市朝阳区建国门外大街1号国贸写字楼2座2401室 电话：86-10-5929-8698 传真：86-10-5929-8699 网址：www.mandarincapitalpartners.com.cn

续表

序号	机构名称	机构类型	联系方式
80	银证国际投资基金管理(北京)有限公司	PE	地址:北京市西城区宣武门外大街甲1号环球财讯中心D座8层 电话:8316-3161-801/815/820
81	高伟绅律师事务所北京代表处	中介服务机构	地址:北京市朝阳区建国门外大街1号国贸大厦1座33楼100004 电话:86-10-6535-2288 传真:86-10-6505-9028 网址:www.cliffordchance.com
82	北京昆仑星河投资管理有限公司	VC	地址:北京市东城区东四十条甲22号南新仓商务大厦A1705 100007 电话:86-10-5169-0605 传真:86-10-5169-0612 网址:www.kunlunfund.com.cn
83	新沃资本	PE	地址:北京市海淀区丹棱街3号中国电子大厦B座1616室 电话:86-10-6894-9996 传真:86-10-6894-1717 网址:www.sinvocapital.com
84	稳盛(天津)投资管理有限公司	PE	地址:北京市朝阳区建国路91号金地中心B座27层2708室100022 电话:86-10-5768-5966 传真:86-10-5768-5999 网址:www.winsinvestment.com
85	光大金控投资管理有限公司	PE	地址:北京市西城区太平桥大街25号光大中心B座14层 电话:86-10-8801-3300 传真:86-10-8801-3399 网址:www.ebasset.com
86	工银国际融通资本	PE	地址:北京市西城区宣武门外大街甲1号环球财讯中心C座603A100052 电话:86-10-5933-6655 传真:86-10-5933-6611 网址:www.icbci.com.hk
87	中国建设银行股份有限公司北京市分行	中介服务机构	地址:中国北京西城区金融大街25号100033

续表

序号	机构名称	机构类型	联系方式
88	博泽资产管理有限公司	PE	地址：北京市朝阳区永安东里16号CBD国际大厦2001室 电话：86-10-8521-9590 传真：86-10-8521-9677 网址：www.bozeasset.com
89	万通投资控股股份有限公司	企业	地址：北京市西城区阜成门外大街2号万通新世界广场B座8层 电话：86-10-6804-6012 传真：86-10-6804-6071 网址：www.vantone.net
90	君盛投资管理有限公司	PE	地址：深圳市龙华新区玉龙路圣莫丽斯花园B17栋1单元3楼 电话：(86-755) 8257-1118 传真：(86-755) 8257-1198 网址：www.junsancapital.com
91	北京大成律师事务所投资并购部	中介服务机构	地址：北京市朝阳区东大桥路9号侨福芳草地D座7层 电话：86-10-5813-7799 传真：86-10-5813-7788 网址：www.dachenglaw.com
92	高和资本	PE	地址：北京市朝阳区建国门外大街1号国贸写字楼1座17层1725 电话：86-10-6505-5996 网址：www.gohighfund.com
93	东方藏山资产管理有限公司	PE	地址：北京市朝阳区光华路5号世纪财富中心西座22层 电话：86-10-6584-7588 网址：www.cos-capital.com
94	泛亚国际	PE	地址：北京市朝阳区建国门外大街甲12号 新华保险大厦16层1606室 电话：86-10-6569-3558 传真：86-10-6569-3559 网址：www.cpana.com.cn
95	上海银行北京分行资产托管部	中介服务机构	地址：北京市朝阳区建国门外大街丙12号 电话：86-10-5761-0094 传真：86-10-5761-0094 网址：www.bankofshanghai.com

续表

序号	机构名称	机构类型	联系方式
96	北京金杜律师事务所	中介服务机构	地址:北京市朝阳区东三环中路1号环球金融中心办公楼东楼20层 电话:86-10-5878-5588 传真:86-10-5878-5599 网址:www.kingandwood.com
97	北京基石创业投资管理中心(有限合伙)	VC	地址:北京市海淀区彩和坊路10号1+1大厦1305室 电话:86-10-6019-0398 传真:86-10-6019-0393 网址:www.bjjsfund.com.cn
98	盛世神州基金	PE	地址:北京市朝阳区朝阳北路237号复星国际中心1906 电话:86-10-5977-0808 传真:86-10-5977-0828 网址:www.grandchinafund.com
99	泰康资产管理有限责任公司	保险资产管理公司	地址:复兴门内大街156号泰康人寿大厦7层 电话:86-10-5769-1888 网址:www.taikang.com
100	方源资本	PE	地址:中国北京建国门外大街1号国贸写字楼1座3410室 电话:86-10-5776-6288 传真:86-10-5776-6299 网址:www.fountainvest.com
101	紫荆商业保理有限公司	中介服务机构	地址:北京市海淀区远大路25号福朋喜来登服务公寓590室 电话:86-10-8889-8888
102	北京深行投资管理有限公司	PE	地址:北京市东城区东中街9号东环广场A座5A 电话:86-10-6418-3918 网址:www.shenxingcapital.com
103	长征国际咨询有限公司	中介服务机构	地址:北京市朝阳区三丰北里1号悠唐国际写字楼A座8层 电话:86-10-8565-1676 传真:86-10-8565-1666
104	北京海创百川投资管理有限公司	PE	地址:北京市东城区雍和航星科技园8号楼3层 电话:86-10-5274-0678

续表

序号	机构名称	机构类型	联系方式
105	上海陆嘉同系投资管理有限公司	PE/VC	地址：北京市朝阳区建国门外大街1号国贸写字楼1座13层 电话：86-10-5947-1157 传真：86-10-5947-1156 网址：www.tongxicapital.com
106	英泰格瑞（天津）股权投资基金管理有限公司	地产/PE	地址：北京市朝阳区东三环中路18号东环大厦8层 电话：86-10-6774-8799 传真：86-10-6774-8977 网址：www.ytgrtrust.com
107	北京天驰君泰律师事务所	中介服务机构	地址：北京市朝阳区北辰东路8号汇宾大厦6层A座 电话：86-10-6184-8252 传真：86-10-6184-8008 网址：www.tiantailaw.com

注：北京股权投资基金协会根据公开信息搜集整理。部分会员信息未收录其中。

本表信息截止日期为2017年3月。

第 六 部 分

北京股权投资基金协会介绍

北京股权投资基金协会介绍

北京股权投资基金协会介绍：

北京股权投资基金协会(简称"北京 PE 协会"，英文：Beijing Private Equity Association，缩写为 BPEA)是在北京市政府大力推动下，由北京市金融工作局为指导单位，股权投资行业人士自愿联合发起成立的非营利性社会团体法人机构。协会成立于 2008 年 6 月 20 日。

协会致力于：

促进行业环境建设建立自律监管机制；

维护会员合法权益研究行业发展动向；

培养相关专业人员组织内外交流合作。

协会服务：

1.《中国 PE 与 VC 专刊》

协会自创办之初发行的内部周刊，于每周五以电子形式发送。

2. BPEA 培训活动

1) BPEA 月度培训

针对 PE/VC 法律、税务、行业动态培训,每月中下旬举办。

2) BPEA 管理系列培训

实操型 PE 培训课程,涉及 PE 募集、投资、管理、退出及法律和税务六个环节,每期四天,每半年举办一次。

3) 专题培训活动

依据行业热点难点展开培训,已组织退出系列培训(共 4 期)、一带一路系列培训(共 5 期)等。

3. BPEA 其他活动

1)"投投适道"

项目对接会,每月中下旬举办。

2) 行业交流酒会

BPEA 季度活动。

3) PE 走进高新区系列活动

带领投资机构走进地方高新区,不定期活动。

4) 各专委会活动

已成立文化、特殊资产、跨境投融资、新三板、LP 等专业投资委员会,各专委会每月举行一次交流活动。

4. 基金服务

为基金机构提供注册、备案、法律文件拟定、政策优惠落实等服务。

5. 全球 PE 北京论坛

BPEA 年度活动,每年 12 月初举办。

联系方式:

北京市海淀区彩和坊路 11 号华一控股大厦 13 层(100080)

传真:86 – 10 – 8808 – 6229

Email : bpea@ bpea. net. cn

网址:www. bpea. net. cn

官方微信账号:bpea – bpea

会员部:

联系人:邹小姐

联系方式:86 – 10 – 8808 – 7229

Email: qqzou@ bpea. net. cn

合作与发展部:

联系人:杨小姐

联系方式:86 – 10 – 8808 – 7035

Email:yyang@ bpea. net. cn